판을 뒤집는
세일즈

판을 뒤집는 세일즈

막노동꾼에서 연봉 20억 세일즈 리더로
돈과 성공을 부른 실전 노트

양유준 지음

GAME CHANGER SALES

나비의활주로

프롤로그

신은 그 누구도 버린 적 없고, 지옥은 인간 스스로가 만든다

나의 어린 시절은 지옥이었다. '대체 무엇 때문에 지옥이라고까지 할까?' 궁금할 것이다. 이유는 단 하나, 바로 '돈'이었다. 돈이 없어 지옥 같았던 삶. 수렁과 같은 자기혐오 속에서 허우적대던 어린 시절 이야기를 먼저 꺼내야겠다.

30대 중반 이후의 성인이라면 아마 다들 1997년 외환위기, 소위 IMF 사태를 기억할 것이다. 대한민국 역사에 뚜렷하게 남은 변곡점이자 지금까지도 가장 많이 회자되는 사건 중 하나다. 이제 막 글자를 배우던 나이, 벽에 붙어있던 알파벳 표를 보며 내가 가장 먼저 배웠던 영어 단어는 바로 'IMF'였다. 무척이나 어린 나이였지만 한 자 한 자 짚어가며 나에게 IMF라는 단어를 알려주던 아버지의, 세상 다 잃은 듯한 표정이 아직도 기억난다. 그렇게 큰 빚을 떠안은 우리 가족은 바다로 산으로 쫓기듯, 도망 다녀야 했다.

지겨울 정도로 야반도주를 거듭하다가 할머니가 계시던 경북 경주 안심이라는 마을에 자리를 잡게 되었다. 영화 〈집으로〉에서 주인공이 할머니랑 둘이 살던 마을을 기억하는가? 옆집은 1킬로미터나 떨어져 있고, 도로에는 가로등조차 없는 깡촌 말이다. 내가 자랐던 곳이 그 영화의 배경과 판박이였다. 그래도 먹고살겠다고 아버지는 공사판을 전전하고 어머니는 매일같이 식당 일을 나갔다. 당연히 나는 혼자 집에 있는 시간이 많아졌는데, 제대로 된 양육이 힘들다 여겼던 부모님은 친척집에 나를 맡길 수밖에 없었다. 하지만 아무리 친척이라도 남의 자식을 떠

맡는다는 게 쉬운 일인가. 나는 작은집, 큰집, 이모네, 여기저기를 떠돌 수밖에 없었고 어린 마음에 큰 상처로 다가왔다.

    정말 눈물 나는 나날이었다. 친척 집을 전전하면서 단 한 번도 먹고 싶은 게 있다고 말해 본 적이 없었다. 내가 와 있는 게 불편하다는 친척 분의 통화를 우연히 듣고 나서는 매 순간 눈치만 보는 아이가 되어야 했다. 사촌들이 부모들에게 "돈가스 먹고 싶어요."라고 하면 어쩔 수 없다는 듯 나에게도 "유준이는 뭐 먹을래?"라고 묻곤 했는데 대답은 항상 똑같았다. "같은 거요." 신경 거슬리게 다른 메뉴를 말하는 건 꿈도 꾸지 못했다. 그때부터 늘 남의 눈치를 살피는 버릇이 생겼다.

    점점 나이를 먹으면서 어디를 가든, 어떤 상황에서든 늘 눈치를 보는 내가 너무 싫었고 심각한 자기혐오에 시달렸다. 나를 사랑할 수 없었으니, 부모님 역시 사랑할 수 없었다. 가난한 부모님이 미웠고, 원망스러웠고, 부끄러웠다. 하지만 그러한 감정 소모의 시간조차 사치였다. 나 또한 돈을 벌기 위해 일을 시작해야만 했다. 중학생이 되자마자 식당에서 서빙을 하면서 내 힘으로 급식비와 공과금을 스스로 마련했다.

학창 시절을 지나 성인이 되어서도 마찬가지였다. 스무 살 때 술집 주방에서 알바를 하게 되었는데 '어차피 내 인생은 달라질 게 없다.'는 생각에 세상을 원망하며 매일 친구들과 술로 밤을 지새웠다. 곧 군에 갈 나이가 된 나는 평소 붉은 색을 좋아했던 터라 무작정 해병대에 입대했다. 군대는 지금까지 내가 살아왔던 환경과는 완전히 다른 곳이었다. 무척이나 힘든 훈련과 엄한 규율은 나를 정신적, 신체적으로 무장하게 만들었다. 또한 다양한 학벌, 직업, 가정환경, 꿈을 가진 이들의 이야기를 들으며 '나도 뭔가 새로운 삶을 살고 싶다.'라는 욕망을 품게 되었다. 그 작은 변화로부터 희망이 움트기 시작했다.

인생 처음으로 희망이란 게 생기다 보니, 앞으로 내가 할 것들을 상상하고 정리하게 되었다. 그저 상상일 뿐이었지만 그것만으로도 무척이나 즐거웠다. 전역 후 무엇을 할까 곰곰 고민하다가 지원자의 학벌이나 다른 배경을 덜 보는 휴대폰 판매 일에 도전하면서 본격적으로 사회생

활에 뛰어들었다. 뒤이어 공사판 일용직, 페인트공, 용접공 등 고되다는 일은 거의 다 해보았다. 그러다 택배 일에 나서며 어느 정도 자리를 잡나 했는데 영업용번호판이 너무 비싸 구하지 못한 게 화근이 되어 더 이상 그 일마저 할 수 없게 되었다.

정말이지 너무나 절망스러웠다. 추석 명절에도 새벽까지 배송을 하고, 비를 흠뻑 맞고 차에서 꾸역꾸역 크림빵을 먹으며 혼자 서럽게 울었던 날도 수차례였다. (지금은 기사를 대하는 고객의 태도가 많이 바뀌었지만) 택배나 한다며 무시당했던 경험은 셀 수도 없었다. 그러다 더 이상 이 일조차 할 수 없게 되자 고작 20대 초반이었던 나는 더 이상 버티기 힘들었다.

'왜 나는 이렇게 열심히 살아도 변하는 게 없지? 대체 전생에 내가 무슨 잘못을 했다고 이렇게까지 힘들어야 하는 거야? 신이 나를 버린 걸까? 신이 있기는 한 걸까?'

더 이상 무언가 하고 싶지도 않고, 아무것도 할 수 없다고 생각하며 그렇게 무기력하게 하루하루를 보냈다. 그러다 군대 후임이었던 친구가 재무 설계를 하고 있는데 같이 성공하고 싶은 직원을 구한다며 외제차 사진을 페이스북에 올린 걸 보고 나도 모르게 바로 연락을 했다. 내 상황을 말했더니 그는 다음 날 바로 서울에서 경주로 내려와 주었다. 한 카페에서 마주앉자마자 나는 신세 한탄부터 쏟아냈다. 군대 후임이었지만 동갑내기이기도 했던 그 보험본부장 친구는 가만히 이야기를 다 들어준 후 다음과 같이 말했다.

"자살의 반대말은 '살자'라고들 하잖아. 어차피 인생이 지옥이라면 누구에게나 지옥인 거야. 그러나 누구와 함께 길을 걷느냐에 따라 가시밭길도 꽃밭이 될 수 있어."

불과 몇 마디 안 되는 말이었지만 나는 마음이 불에 덴 것처럼 깜짝 놀랐다. 왜인지 부끄러워서 얼굴이 빨개진 나에게 그는 개그맨 김영철의 『일단, 시작해』라는 책을 선물해주고 자리를 떠났다.

지금 생각해보면 스물다섯 살의 청년 치고는 상대를 감화시키고 설득하는 능력과 이를 바탕으로 한 리크루팅recruiting 능력이 뛰어난 친구였다. 보험 분야에서 사람을 채용하는 것을 리크루팅이라고 한다. 특히 원래 경력과 능력이 있는 인재를 구하는 게 아닌, 잠재력이 많은 초짜 직원을 구하는 것을 의미한다. 그 친구는 대체 나에게서 어떠한 잠재력을 보았는지는 모르겠지만, 그렇게 나의 보험영업 일은 시작되었고 교육영업, 방문판매영업 등의 과정을 거쳐 지금의 자리에 이르게 되었다. 이제는 더 이상 돈 걱정을 하지 않고, 돈을 위해 일하지 않는다. 솔직히 더 이상 아무 일을 하지 않아도 여생에 큰 문제가 생길 일은 없다. 그래도 나는 일을 멈추지 않는다. 나 자신과 내가 사랑하는 사람들과, 지난 시절의 나처럼 인생이 지옥이라는 생각에 힘겨워하는 이들을 위해서.

신, 그리고 천국과 지옥의 존재 여부에 대해 할 말은 없다. 하지만 만일 신이 존재한다면 그 누구도 버리지 않았다는 것은 틀림없다. 또한 인생이 천국이 되느냐, 지옥이 되느냐는 전적으로 자신에게 달려 있다. 어떻게 마음을 먹고, 어떠한 선택을 하고, 어떻게 행동하느냐에 따라 신에게 선택받은 사람이 되고, 지옥 같았던 일상은 천국으로 뒤바뀐다. 내가 몸소 체험했기에 확언할 수 있다.

    여러분이 인생에 반전을 가져오고, 뜻하는 바를 모두 성취하고, 결국 행복한 삶을 성취하는 데 이 책이 동기부여가 되어 주리라 믿어 의심치 않는다.

- 2025년 8월, 양유준

CONTENTS

프롤로그 신은 그 누구도 버린 적 없고, 지옥은 인간 스스로가 만든다   4

PART 1
성공하는 사람은 무엇이 다른가

1 '의지와 노력'이면 충분하다   18
2 성공을 원하는 자의 눈빛   20
3 조금 더 적게, 조금 더 많이   25
4 머릿속에서 가장 먼저 지워야 할 단어 '불가능'   28
5 성공으로 가는 길, 반드시 지나야 할 세 개의 문   31
6 자만심을 자신감으로 바꾸면, 실패는 기회가 된다   36
7 성공은 선택이다   38
8 당신이 성공할 수밖에 없는 이유   40

PART 2
성과를 10배 끌어올리는 영업의 기술

1 실패를 두려워하지 않는 용기   44
2 강철 멘탈을 만드는 세 가지 비법   47
3 나만의 성공 로드맵 만들기   52

4 반드시 고객의 마음을 사로잡는 법　　　　　　　　　59
5 진짜 영업의 시작, 팔로우업의 힘　　　　　　　　　66
6 제품과 서비스에 대한 철저한 이해　　　　　　　　72
7 좋은 첫인상 남기기와 이미지 메이킹　　　　　　　77
8 고객들에게 늘 기억되는 영업인이 되는 법　　　　83
9 건강한 거절의 기술, 신뢰를 만드는 'NO'　　　　　87
10 영업 성공의 핵심 원칙, 긍정의 힘　　　　　　　　91

PART 3

평생 고객을 만드는 '신뢰성과 진정성'

1 평생 고객을 만드는 신뢰 구축의 비밀　　　　　　98
2 상품 판매원이 아닌, 문제 해결사 되어 주기　　　103
3 효과적인 설득 기술: 스스로 결정하게 하라　　　109
4 업종을 넘나드는 영업 성공의 DNA　　　　　　　114
5 진정한 영업의 완성, CRM 전략　　　　　　　　　119
6 고객 만족을 넘어 감동으로 - 서비스 마인드　　125
7 고객의 마음을 사로잡는 '심리적 유혹'　　　　　129

PART 4

차이를 만드는 프로의 기술: 협상과 전략

1 고객 맞춤형 데이터 분석의 모든 것	136
2 상호 이익 창출을 위한 전략 - 가격이 아닌 가치를 협상하라	141
3 춤을 추듯 부드럽게 주도권을 쥐는 법	147
4 갈등 상황을 극복하는 협상 스킬	152
5 영업과 마케팅: 축구 경기 속 감독과 선수	158
6 시장 분석과 타깃팅 전략: 빙산의 대부분은 물에 잠겨 있다	162
7 전략적 가격 협상과 수익성 관리	166
8 디지털 시대의 영업 전략	172
9 비대면 영업의 성공 전략: 3분 안에 100억 계약 따는 법	177

PART 5

성공을 만드는 평생 공부, 자기계발

1 부자들의 성공 습관 컨닝하기	186
2 월 2억을 벌게 한 하루 30분의 힘	192
3 성공적인 경력 관리의 기술	196
4 돈이 되는 인맥 관리 비법	201
5 신뢰받는 사람이 된다는 것	205
6 조직 내 영업 목표 설정과 관리	208
7 평생에 한 번은 목숨을 걸고 일하라	212

PART 6
어떠한 영업인이 될 것인가

1	나만의 영업 철학 찾기	**218**
2	영업의 가장 근본적 목표	**222**
3	영업이 제일 쉬웠어요	**228**
4	영업 고수가 되는 마지막 관문: 실패를 즐기고 경쟁을 초월하라	**233**
5	평생 현역으로 살아가는 영업의 매력	**238**

PART 1

성공하는 사람은
무엇이 다른가

01
'의지와 노력'이면 충분하다

이 세상에 역경 없이 이루어지는 성공이란 없다. 금수저를 물고 태어나 평생 놀고먹어도 된다면 상관없겠지만 대다수의 사람들에게는 불가능한 이야기다. 끊임없이 고난의 파고를 넘고 또 넘어야만 간신히 목표에 다다르는 게 인생이다.

나 역시 몸담은 분야에서 남부럽지 않은 성과를 거두었다고 자부하지만 내가 걸어온 길은 결코 평탄하지 않았다. 하지만 그 험난했던 길이 지금의 나를 만들었고, 이 자리까지 나를 이끌었다.

나는 결코 단순한 성공담을 나누고자 하는 게 아니다. 불가능을 가능으로 바꾸었던 나의 경험을, 그 혁신의 여정이자 한계를 넘어섰던 도전의 기록을 많은 이들과 공유하는 데 진정한 목적이 있다.

지난 시절의 나처럼 돈이 없어서, 원하는 바를 성취하지 못해서 힘겨운 나날을 보내는 이들이 적지 않을 것이다. 그리고 그들 중 대다수는 평생 목표 근처에도 못 가 보고 일생을 마친다. 하지만 분명 누군가는 목표 달성을 넘어 큰 성공을 거두고 막대한 부를 거머쥐고 여유 넘치는 인생을 즐긴다.

그렇다면 이 두 집단 사이에는 어떠한 차이가 있는가? 타고난 능력이나 애초 주어진 환경의 차이일까? 물론 그러한 요인 역시 무시할 수 없다. 아니, 아주 중요하다. 그렇지만 능력이나 배경이 부족하다고 해서 목표를 이루지 못했다는 말은 전적으로 변명에 불과하다. 오로지 의지와 노력으로 그 차이를 극복해내고 꿈을 이뤄내는 게 인간의 능력이다. 그 능력이란 구체적으로 무엇인지 하나씩 살펴보자.

02
성공을 원하는 자의 눈빛

4년마다 전 세계의 축제인 올림픽이 열린다. 그리고 수십 억 지구인들이 국가 대표 선수들의 치열한 경연을 지켜보면서 울고 웃는다. 물론 응원하는 선수나 팀, 국가가 좋은 성과를 거두면 좋겠지만 그렇지 않다고 크게 문제될 건 없다. 응원의 순간은 더없이 뜨겁고 이기면 더없이 기쁘지만 솔직히 승리에 따르는 성과는 순전히 선수의 몫이다. 반대로 이 말은, 선수 입장에서 볼 때 원하는 성과를 얻지 못한다면 처참한 실패, 또한 막대한 손해라고 할 수 있다. 스포츠계에서 선수로서의 수명은 그리 길지 않다. 더군다나 올림픽은 4년에 한 번 열린다. 그렇기에 이 얼마 안 되는 기회에 모든 걸 걸어야 한다.

여러분에게는 올림픽에 나서는 선수들의 눈빛에서 무엇이 보이는가? 나는 그들의 눈에서 절실함을 본다. 동네 체육관에서 운동하는 사람과 올림픽 선수의 차이는 바로 이 절실함에 있다. 목숨을 걸고 조국을 위해 싸웠던 독립투사들의 흔들림 없는 눈빛처럼, 그들의 눈은 성공을 향한 강력한 의지로 이글거린다.

프롤로그에서 언급했듯 나의 어린 시절은 무척 힘겨웠다. IMF 외환위기로 집안이 몰락하는 바람에 집은 빨간 딱지로 도배되었고, 가족들은 바다와 산을 넘나들며 빚쟁이들을 피해 다녔다. 그러한 삶은 어린아이에게 상처만 남겼다. 나 자신이 싫었고, 부모님이 싫었다. 스스로를 사랑하지 못하니, 그 누구도 사랑할 수 없었다. 그렇게 애정 결핍인 상태로 성인이 될 수밖에 없었다.

주변 친구들 역시 나와 비슷한 환경에 놓여있었다. 우리는 지옥 같은 일상을 힘겹게 버티며 살아내고 있었고, 그 속에서 밝은 미래를 꿈꾸기란 불가능했다. 하지만 그러다 힘겨운 삶 속에서 유일한 안식처가 되어준 한 여성을 만나 사랑에 빠졌고, 스물두 살 앳된 나이에 아이를 가지게 되었다. 주변에 그 사실을 알리자마자 반대에 부딪혔다. 아이를 지우자는 말도 나왔지만, 도저히 그럴 수는 없었다. 그때 나는 살면서 처음으로 내 인생을 걸고 책임을 지겠다고 마음을 먹었다.

하지만 마음만 앞섰을 뿐, 준비되지 않은 자에게 책임의 무게는 무척 버거웠다. 매일 고군분투했지만 상황은 좀체 나아지지 않았고, 그러던 중 나는 내 인생을 송두리째 흔드는 말 한마디를 듣게 된다.

"어휴, 없는 집 자슥…."

그날부터 나는 올림픽에 출전하는 선수들처럼, 그리고 나라의 광복을 염원하는 독립투사처럼 눈빛과 마음가짐을 고쳐먹었다. 매일 새벽 4시에 일어나 일용직 노동을 했고, 저녁에는 식당과 편의점 아르바이트를 했다. 돈을 더 준다고 하면 가리지 않고 매달렸다. 어떻게 해서든 이 상황을 벗어나고 싶었기 때문이었다. 조선소 페인트공, 석유관 교체 작업 용접공, 택배 기사 등 닥치는 대로 일에 뛰어들었지만 급변하는 여건 때문에 꾸준히 하기가 쉽지 않았다. '정말 나는 안 되는 걸까?' 방황의 시간이 길어지던 중, 한 친구의 조언에 따라 학연, 지연, 혈연에 의존하지 않고 노력하는 만큼 성공할 수 있는 길에 도전하기로 했다. 그 길이란 바로 사업과 영업이었다.

많은 이들의 걱정과 반대에도 나는 무작정 고향을 떠나 서울로 올라가, 성공하겠다는 마음 하나로 보험 영업을 시작했다. 기본급이 없는 영업직이었지만, 오로지 발로 뛰어 내가 노력한 만큼 벌겠다는 각오로 뛰어들었다.

가족과 지인들은 "미쳤다."고 말했다. 지켜야 할 가정까지 있는 네가 타지에서 이렇게까지 해야 하겠느냐는 것이었다. 하지만 나는 뼛속 깊이 느끼고 있었다. 이것은 내게 단순한 직업이 아닌, 인생을 건 도전이라는 것을. 이번이 마지막이라는 올림픽 선수의 각오, 목숨을 건 독립투사의 각오로 노력한다면 이룰 수 없는 일은 없다는 것을.

그렇게 시작한 영업은 어떻게 되었을까? 첫 달에는 단 한 건의 계약도 성사시키지 못했다. 두 번째 달도 마찬가지였다. 하지만 포기하지 않았다. 매일 100명의 사람을 만나겠다는 목표를 세웠고, 비가 오나 눈이 오나, 몸이 아프거나 말거나 그 목표만큼은 반드시 달성했다. 그리고 세 번째 달, 기적이 일어났다. 첫 계약을 성사시켰다. 그것도 큰 계약이었다.

그때의 기쁨은 지금도 생생하다. 하지만 더 중요한 것은 그때 얻은 하나의 깨달음이다. 그 깨달음은 지금까지도 내가 가장 좋아하는 말, 하나의 좌우명처럼 마음 깊이 새겨져 있다.

"당장에 성과가 나오지 않더라도 내가 걷는 발걸음 하나하나는 결코 나를 배신하지 않는다. 지금 뿌리고 있는 이 씨앗들을 수확할 시기는 반드시 온다. 나에게 성공은 우연이 아니다. 절실한 마음과 어떤 순간에도 포기하지 않는 노력으로 만들어낸 결실이다."

　세상에 우연히 이루어지는 성공은 없다. 어쩌다 운 좋게 성공하더라도 오래 가지 못한다. 성공은 필연이다. 아주 절실한 마음으로 노력하는 자에게만 주어지는 필연 말이다.

03
조금 더 적게, 조금 더 많이

처음 영업에 뛰어들었을 당시 나는 영업에 대해 아는 게 아예 없었다. 십 대 때부터 사회생활을 하며 키웠던 싹싹함을 바탕으로 업무 노하우를 여기저기 물었지만 제대로 알려주는 이는 없었다. 그들 입장에서는 귀찮은 것도 있었겠으나 따지고 보면 아무리 초보라 해도 나 역시 경쟁자 중 하나였을 것이다.

결국 해답은 독학이었다. 자는 시간을 줄이며 영업 관련 서적을 읽고 온라인 강의를 통해 스킬을 연구했다. 실적이 나오지 않는 날에는 자정까지 상권을 돌며 방문 판매를 이어갔다. 아무리 몸이 피곤해도 잠들기 전에는 그날 만난 모든 사람의 연락처와 특이사항을 가망 고객(可望 顧客, 신규 고객이 될 가능성이 있는 사람들) 리스트로 만들어 정리했고, 내일 반드시 해야 할 일들을 To-Do List 목록으로 작성했다. 그것도 모자라 다음 날에 있을 계약서 작성의 상황을 머릿속으로 그려 보며 예행연습을 해야 겨우 하루 일과를 마칠 수 있었다. 그래야만 비로소 후회 없이 잠자리에 들었다. 눈에 보이는 성과는 없었지만 그 혹독한 루틴을 해냈다는 사실 자체가 성과라 믿었다.

책상에는 1개월, 2개월, 3개월 목표를 적은 포스트잇이 붙어 있었다. 매일 그 목표들을 곱씹으며 새벽까지 똑같은 루틴을 반복했다. 그렇게 3개월이 지났고, 결과는? 놀랍게도 나는 영업 실적으로 무려 전국에서 MVP 수상자가 되었다.

처음에 주변 사람들은 믿지 않았다. "일용직 출신이라던데 뭘 안다고?", "신입이 어떻게 저런 성과를 냈지?", "뭔가 편법을 썼을 거야.", "든든한 빽이라도 있나 보네."와 같은 수군거림이 계속 들려왔다. 하지만 누가 뭐라 하든 내가 세운 실적은 눈에 보이는 성과이자 현실이었다.

이후 나는 어떤 상품을 판매하든 전국에서 TOP3 자리 밑으로 벗어난 적이 없다. 어떻게 이런 결과가 가능했을까? 답은 간단하다. 내가 다른 사람들과 '다르게' 행동했기 때문이다. 아무도 영업 스킬을 알려주지 않는다고 조급해하지 않았다. 남들 다 잘 시간에 독학으로 스킬을 익혔고,

하루를 정리하고 다음 날 할 일들을 준비했다. 또 평균적으로 다른 영업인들이 20명의 고객을 만난다고 할 때 나는 100명을 만났다. 그저 '조금 더 적게' 자고, '조금 더 많이' 만났을 뿐이다. 이 '조금의 차이'가 성공과 실패를 가른다.

04
머릿속에서 가장 먼저 지워야 할 단어 '불가능'

혹시 평소 '불가능'이라는 단어가 익숙한가? 실제로 우리는 삶을 살아가면서 수없이 많은 것들을 불가능하다고 규정한다. 그렇지만 불가능이라는 단어가 익숙하다면 자신의 인생은 성공과 거리가 멀다는 점을 명심해야 한다.

왜 우리는 무언가를 두고 '불가능하다'고 말하는가? 두려움이 앞서기 때문이다. 실패 자체가 두렵고, 실패한 나를 바라볼 타인의 시선이 두려워 불가능이라는 방패 뒤로 숨어버린다. 하지만 세상의 모든 혁신과 발전은 불가능에 도전한 사람들이 이루어냈다. 그들은 그렇게 문명을 발전을 이끌고 인류 역사에 발자취를 남겼다.

무언가 불가능하다고 생각하는 순간 우리 뇌는 작동을 멈춘다. 더 이상의 해결책을 찾지 않게 되고, 포기는 당연해진다. 하지만 '어떻게 하면 가능할까?'라고 생각하는 순간 우리의 뇌는 최선을 다해 0.001%의 가능성이라도 찾기 시작한다. 성공도 마찬가지다. 처음에는 누구에게나 성공의 가능성이란 0%다. 하지만 실패를 거듭하더라도 차곡차곡 1%씩 가능성을 높여 나가다 보면 결국 성공에 다다른다. 하지만 애초 불가능하다며 시도조차 하지 않기에 영원히 성공하지 못하는 것이다.

불가능이란 단어는 나약한 마음이 만들어낸 ,가장 그럴듯한 변명일 뿐이다. 아무리 불가능해 보여도 반드시 방법은 있다. 다만 그 방법은 우리가 생각했던 것보다 훨씬 더 힘들고, 더 많은 시간과 노력이 요구된다.

지금 이 순간부터 불가능이라는 단어를 여러분의 사전에서 완전히 지워버리자. 대신 '개선'이라는 단어를 그 자리에 넣어라. "나는 할 수 없다."가 아니라 "나는 아직 개선과 업그레이드가 안 되어 있을 뿐이다."라고 말하라. 강력한 개선 의지를 바탕으로 스스로 업그레이드해 나간다면 세상에 못 해낼 일은 없다.

계속 일과 상황이 안 풀리고 그래서 절망에 빠져 있다면 평소 불가능이라는 단어에 익숙해 있지는 않은지 확인해 보자. 만일 그렇다면 불가능이라는 방패 뒤에서 나와 모습을 드러내고 당당하게 도전하자. 그것이 성공을 향한, 진정한 첫걸음이 되어 줄 것이다.

05
성공으로 가는 길, 반드시 지나야 할 세 개의 문

성공에 다다르기 위해서는 반드시 지나야 할 세 개의 문이 있다.

첫 번째 문은 '직시'다. 있는 그대로의 자신을 봐야 한다. 나의 약점과 치부를 마주해야 하기에 괴롭고 힘든 작업일 수도 있지만 어쩔 수 없다. 이 문부터 반드시 지나야 한다.

처음 영업을 시작했을 때, 나는 나 자신의 모든 것을 솔직하게 분석해 봤다. 말주변이 없다, 인맥이 없다, 학벌이 부족하다… 그렇게 모든 약점을 종이에 적었다. 그리고 각각의 약점을 어떻게 극복할 것인지 계획을 세워 나갔다.

'말주변'이 없다고? 그래서 나는 매일 아침 거울 앞에서 3시간씩 발표

연습을 했다. 이동 중에는 차량에서 영업 분야 최고 선배들의 고객과의 통화녹음본을 들었다. 좋은 멘트를 바로 따라서 연습하기 위해 일시정지와 재생 버튼을 반복해 눌렀다. 사람이 많은 지하철에서는 따라 하지 못하더라도 이어폰을 끼고 경청을 하며 속으로 따라 했다. 나중에는 듣지 않아도, 거의 완벽하다 싶을 정도로 비슷하게 따라 하는 수준이 되었다. 이는 곧 자신감으로 이어졌다. 이후 나는 어떤 자리에서도 당당하게 말할 수 있게 되었고, 어떠한 상황 속에서도 내가 판매하는 제품을 당당하게 영업할 수 있었다.

'인맥'이 없다고? 이 또한 문제없다. 텅 빈 연락처를 새로운 인맥으로 채워나갈, 오히려 좋은 기회이지 않은가? 우선 나는 담당 상권을 정한 후, 오전 10시부터 해당 지역의 모든 대표님을 만나 상품을 추천하거나 이야기를 나눴다. 점심시간 이후에는 요식업 대표님들을, 저녁에는 맥주집 사장님들을 만났다. 만날 때마다 당연히 명함을 주고받았다.

지나는 길에 헬스장이 눈에 띄면 바로 들어가 사장님들을 만났고, 점심시간에는 근처 식당에서 직장인들과 대화를 나눴다. 그렇게 한 달이 지나자 내 휴대폰에는 500명의 새로운 연락처가 생겨났다.

'학벌'이 없다고? 그래서 나는 실력을 쌓기 시작했다. 매일 밤 12시까지 업계 정보에 대해 공부했고, 주말에는 영업에 나서기 전에 신문 1면 헤드라인부터 시작하여 마지막 기사의 끝 문장까지 읽으며 주요 이슈를 파악했다. 한 달 후, 나는 어떤 고객을 만나든 그들의 취향에 맞는 대화를 나눌 수 있게 되었고, 자연스럽게 공감대를 형성해 나갈 수 있었다. 이제는 대기업 임원들과도 대등하게 대화할 수 있는 수준이 되었다고 자부한다.

두 번째 문은 '행동'이다. 행동이 없는 꿈은 그저 공상일 뿐이다. 내가 만난 수많은 사람들 중에는 나보다 훨씬 뛰어난 사람들이 많았다. 그러나 그들 대부분은 지금 어디에 있을까? 그들은 행동은커녕 여전히 제자리에서 생각만 하며 "언젠가는…" 혹은 "그때 열심히 했더라면…"이라는 말만 반복하며 살고 있다.

"악마는 인간에게 계획만 세우게 한다."고 한다. C. S. 루이스(클라이브 스테이플스 루이스)의 『스크루테이프의 편지』에 나오는 내용으로 마귀는 인간에게 계획을 세우게 하고 정작 실행은 "내일부터 하라."고 속인다. 왜냐하면 인간에게 '내일'이란 없기 때문이다.

오늘 행동하지 않으면 자신이 원하는 내일은 영원히 오지 않는다. "내일부터"라는 말 속에 머무르면 내일은 항상 행동하지 않은 오늘의 반복일 뿐이다. 그러니 오늘 바로 시작하자. 그리고 끝까지 해내자. 끈기와 기개, 이 두 가지가 있다면 여러분은 거의 모든 것을 이룰 수 있다. 목표를 현실로 만드는 힘은 바로 이 두 가지에 있다고 99% 장담한다.

세 번째 문은 '초월'이다. '한계'라는 말에 대해 어떻게 생각하는가? 나는 한계를 믿지 않는다. 우리가 한계라고 믿는 것은 대부분 우리 스스로가 만든 벽이다.

제가 처음 영업을 시작했을 때, 사람들이 말했다. "월 500만 원 버는 것도 어려운데, 1,000만 원은 꿈도 꾸지 마라." 나는 그 말을 들으면서 생각했다. "그래, 그들의 한계가 500만 원이라면, 내 한계는 5,000만 원이다."

실제로 지금의 나는 그 한계마저 넘어섰다. 어떻게 가능했을까? 매일 아침, 나는 나 자신에게 물었다. '어제보다 1%라도 더 성장하려면 무엇을 해야 할까?' 그리고 그 답을 찾기 위해 필사적으로 노력했고 조금이라도 답을 구한 후에는 반드시 실천으로 옮겼다.

그 누구보다 더 일찍 일어났고, 더 늦게 잤다. 한 권이라도 더 많은 책을 읽었고, 더 많은 사람을 만났다. 그렇게 매일매일 어제의 나를 넘어섰고, 여전히 어제의 나를 넘어서기 위해 오늘을 살아간다.

직시, 행동, 초월이라는 세 가지 문을 통과하고 나는 내 분야 최고의 자리에 다다를 수 있었다. 그 전에 나는 이 책을 읽는 여러분과 다를 바 없는, 한 명의 평범한 직장인이었다. 여러분 역시 이 세 개의 문을 통과한다면 반드시 원하는 바를 성취할 수 있다.

06
자만심을 자신감으로 바꾸면, 실패는 기회가 된다

나에게도 실패의 순간과 커다란 위기가 있었다. 영업 2년 차 때의 이야기다. 나는 자만심에 빠져 있었다. 늘 승승장구하고 실적으로 받은 상장과 트로피만 해도 수십 개에 달하니, 스스로를 최고라고 생각해 우쭐했던 것이다. 그 시점에 나는 최단기로 팀장이 되어 팀원들을 육성하는 위치에 있었고, 어떤 프로젝트를 성공하면 회사 최연소 본부장으로 승진할 기회가 있었다.

하지만 나는 치명적인 실수를 저질렀다. 고객의 니즈와 팀원들의 상황을 파악하지 않은 채, 독단적으로 내가 원하는 방향으로만 프로젝트를 진행했다. 결과는 참담한 실패였다. 나의 오만과 자만은 결국 회사에서 강등되는 결과를 초래했다.

문득 이런 생각이 들었다. '지금까지 성공한 게 우연이었나?' 자만심을 버리면 이번 실패를 계기로 더 많은 것을 배우고 더 강해질 것이라고 확신했다. 무엇보다도, 어려운 시기마다 내 손을 잡아준 동료들, 즉 사람들이 곁에 있었다. 그들의 믿음에 보답하기 위해서라도 포기할 수 없었다.

나는 즉시 실패를 분석하며 모든 과정을 되돌아보고, 무엇이 잘못됐는지, 어떻게 하면 더 잘할 수 있을지를 꼼꼼히 기록했다. 그리고 이를 바탕으로 다시 시작했다. 놀랍게도 12개월 후, 나는 실패했던 프로젝트보다 두 배의 성과로 새로운 프로젝트를 성공시켰다. 이전의 실패를 극복하려는 경험과 노력이 나를 더 강하게 만들었기 때문에 가능한 일이었다.

잘나가다가 고꾸라지는 이유는 십중팔구 '자만심' 때문이다. 하지만 한 번 넘어졌다고 좌절에 빠져있다면 더욱 안 될 일이다. 자만심을 자신감으로 바꾸고, 늘 곁에서 나와 함께하는 동료, 가족, 친구들을 위해 노력한다면 이따금 찾아오는 실패란 역경이 아니라 더 큰 성과를 가져올 기회가 되어준다.

07
성공은 선택이다

 강연을 나갈 때마다 내가 가장 강조하는 메시지가 하나 있다. 바로 "성공은 선택이다."라는 것이다.

 그렇다. 성공은 본인의 선택에 달렸다. 운도 중요하지만 운만으로는 성공을 유지할 수 없으며, 재능이 있더라도 써 먹지 못하면 성공은 없다. 심지어 노력만으로도 성공에 다다르기에는 부족하다. 성공을 향한, 강렬한 의지를 바탕으로 매 순간 최선의 선택을 해야 한다.

 아침에 눈을 떴을 때, '5분만 더 자자'고 선택할 수도 있고, '바로 일어나 하루를 시작하자'고 선택할 수도 있다.

 거절을 당했을 때, '포기하자'고 선택할 수도 있고, '다시 도전하자'고 선택할 수도 있다.

실패했을 때, '변명하자'고 선택할 수도 있고, '책임지고 더 배우자'고 선택할 수도 있다.

나는 매 순간 성공을 선택했다. 비록 그 길이 무척 고단했지만, 나는 한 번도 후회하지 않는다. 왜냐하면 그 선택들이 지금의 나를 만들었기 때문이다.

여러분은 지금 성공을 위해 어떠한 선택들을 하고 있는가? 그 선택 때문에 성공으로 가는 길이 늦어지고 있거나 전혀 엉뚱한 곳으로 향하고 있지는 않은지 체크해 볼 일이다.

08
당신이 성공할 수밖에 없는 이유

나는 지금까지 10년 동안 영업 일선에서 배우고 깨달은 모든 것을 이 책을 통해 나누고자 한다. 단순한 영업 기술이 아니라, 인생을 바꾸는 진정한 성공의 비밀을 공유하겠다고 약속한다.

여러분은 지금 이 순간, 어떤 생각을 하고 있는가?

'내가 이 책을 본다고, 변하고 성공할 수 있을까?'

이런 의심이 드는 것은 당연하다. 나도 그랬기 때문이다. 하지만 장담한다. 여러분은 반드시 성공할 수 있다. 그렇게 확신하는 세 가지 이유가 있다.

첫째, 여러분은 이미 첫 발을 내디뎠다. 이 책을 읽고 있다는 것. 그것은 이미 변화를 선택했다는 의미다.

둘째, 나는 증명된 시스템을 보유하고 있다. 이것은 내가 10년간 시행

착오를 겪으며 만들어낸 성공의 청사진이다. 이미 수백 명의 팀원들이 이 시스템으로 성공했고 지금도 성공해 나가고 있다.

셋째, 내가 여러분 곁에서 늘 함께할 것이다. 여러분이 넘어질 때마다 일으켜 세우고, 힘들 때마다 용기를 북돋아 줄 것이다. 여러분과 함께 달리는 러닝메이트가 될 것을 약속한다.

자, 이제 여러분의 차례다.

오늘 밤, 여러분은 평소와는 다른 꿈을 꿀 것이다. 불가능해 보였던 목표들이 갑자기 가능해 보이기 시작할 것이다. 그리고 내일 아침, 여러분은 완전히 다른 사람으로 깨어날 것이다.

더 이상 변명하지 말자.
더 이상 미루지 말자.
더 이상 두려워하지 말자.

이 세 가지를 정말 할 수 있다고 믿고 확신한다면, 지금 이 순간이 바로 여러분의 인생이 드라마틱하게 바뀌는 순간이다.

다음 파트부터는 본격적으로 실전 노하우에 대해 이야기하고자 한다. 여러분의 성공에 명확하게 보탬이 되는, 영업 노하우와 성공하는 사람의 태도, 행동양식이 무엇인지 상세히 설명해 나가겠다.

PART 2

성과를
10배 끌어올리는
영업의 기술

01 실패를 두려워하지 않는 용기

나는 영업인의 성공 노하우 중 '실패'에 대해 먼저 다루고자 한다. 우리는 오로지 성공에 골몰해 있지만 사실 우리 삶에서 성공보다는 실패의 순간이 훨씬 많이 찾아온다. 하지만 그때마다 어떻게 대처해야 하는지 잘 몰라 성공 근처에 가 보지도 못하고 무너지는 사람들이 많다. 그래서 영업뿐만 아니라 모든 분야에서 중요한 주제인 '실패 극복법'에 대해 먼저 다루지 않을 수 없다.

'실패 극복'이라는 말은 쉽게 들리지만, 실제로 그것을 실천하기란 쉽지 않다. 우선 내 이야기로 먼저 시작해 보겠다. 내가 SK매직에서 영업을 할 당시, 한 회사 대표에게 몇 시간 동안 제품 스펙에 대해 열심히 설명한 적이 있다. 계약 직전까지 갔다고 생각했지만, 그 대표는 경쟁사와 계약을 체결했다. 그날 나는 회사 근처 작은 포장마차에서 소주를 마시며 펑펑 눈물을 흘리고 말았다. 실패했다는 좌절감에 빠져 집으로 돌아가던 중, 회식 후 다른 가게에서 나온 그 회사 대표와 마주쳤다.

용기를 내 그에게 다가가 말을 걸었다. "대표님, 죄송하지만 잠시 시간 괜찮으실까요? 저희 제품이 어떤 점이 부족했는지 솔직하게 말씀해 주시면 감사하겠습니다." 대표는 잠시 멈춰 서서 나를 가만 보더니 의외로 친절하게 답해주었다. "양 사원님이 설명한 제품은 좋았습니다. 하지만 우리 회사에 딱 맞는 제품은 아니었어요. 경쟁사에서는 우리 회사의 입장에서 어떤 제품이 적합할지 설명해 주었고, 그래서 그쪽과 계약을 하게 되었습니다." 그 순간 나는 내가 얼마나 제품 중심적으로 생각했는지, 고객의 입장에서는 얼마나 공감 없는 제안이었을지 깨달았다.

실패는 누구나 겪을 수 있는 일이다. 그러나 중요한 것은 그 실패를 어떻게 받아들이고, 어떤 교훈을 얻느냐. 영업에서의 실패는 단지 '실패' 그 자체로 끝나는 게 아니라 장기적인 성공을 위한, 소중한 경험이 될 수 있다. 많은 영업팀이 목표를 달성하지 못하면 실패로 간주한다. 그러나 실패는 곧 전략을 재점검할 기회를 의미한다. 잘못된 고객 타깃팅, 비효율적인 마케팅 방법, 혹은 어긋난 타이밍 등 다양한 원인이 있을 수 있다. 실패 후 "난 실패했어!"라며 좌절하는 것이 아니라, 분석을 통해 비효율적인 부분을 파악하고 더 나은 전략을 세워 앞으로 나아가야 한다.

혹자는 '네가 멘탈이 강철이라 그렇지, 그게 말이 쉬운 줄 알아?'라고 반문할 수도 있을 것이다. 솔직히 말하면, 나도 영업 생활 초기에는 완전히 유리 멘탈이었다. 유리도 아니다. 살짝 건드리기만 해도 부서지는 쿠크다스에 가까웠다. 실적이 안 나오면 밥도 못 먹고, 잠도 못 자고, 화장실 가면서도 '어떡하지?'라면서 속으로 계속 끙끙 앓았다. 하지만 나는 노력을 통해 그 유리 멘탈을 강철 멘탈로 기어이 바꿔냈다. 강철 멘탈을 만드는 세 가지 비법을 바탕으로 말이다.

02
강철 멘탈을 만드는 세 가지 비법

영업인에게 가장 중요한 자산은 바로 '멘탈 관리'다. 그렇다면 우리가 멘탈이 흔들리는 이유는 무엇일까? 실적 압박에 대한 스트레스, 매몰찬 고객들의 거절, 팀 간의 과도한 경쟁 등 다양한 이유가 있을 수 있다. 하지만 이런 어려움들도 포기만 하지 않는다면 기회가 될 수 있다. 마치 금광처럼 말이다. 겉으로 보기엔 그저 평범한 바위덩어리지만 포기하지 않고 파고들면 그 안에 숨겨진 황금을 발견할 수 있는 것처럼, 우리가 맞닥뜨린 어려움도 실은 성공으로 가는 비밀의 문일 수 있다.

〈1〉 기록하는 습관

첫 번째 비법은 기록이다. 나는 10년째 항상 다이어리를 가지고 다닌다. 이 안에는 내 영업 인생의 모든 것이 담겨 있다. 나는 매일 그날의 모든 미팅을 기록한다. 고객의 반응이나 거절당한 이유 등등. 특히 거절당했을 때는 더 꼼꼼하게 적고 다음에는 어떻게 대처해야 할지까지 상세히 적는다.

예를 들어, "제품 스펙만 30분 넘게 설명. 사장님 표정이 지루해 보였는데 캐치하지 못함. 다음에는 고민거리가 있는지 먼저 물어볼 것." 이런 식으로 매일 기록하다 보면 실패가 더 이상 실패로 보이지 않게 된다. 성공으로 가는 교과서처럼 보이게 되는 것이다. 재미있는 것은 이 다이어리에는 내 성장 과정이 고스란히 담겨 있다는 것이다. 처음에는 "오늘도 실패… 힘들다"와 같은 감정적 기록이 많았지만, 시간이 지날수록 "다음에는 이렇게 해보자!"라는 긍정적인 내용으로 바뀌는 것을 눈으로 확인할 수 있다.

스마트폰 메모장도 좋지만 나는 다이어리를 더 추천한다. 종이와 연필로 적다 보면 머릿속에 더 오래 남기 때문이다. 그리고 몇 년 후 이것을 다시 펼쳐보면 '그때의 실패가 지금의 나를 만들어줬구나'라는 깨달음을 얻을 수 있다.

〈2〉 멘토를 찾아라

두 번째 비법은 '멘토를 찾는 것'이다. 나는 영업사원 이전에 몸 쓰는 일만 했던 사람이라 영업 경험이 없었다. 처음부터 잘할 수는 없으니, 가장 먼저 자신이 부족한 사람이라는 것을 인정하는 것부터 시작했다.

나는 10년 이상 최고 실적을 내신 분을 찾아가 "김 부장님, 제가 커피 한잔 사드리겠습니다. 30분만 시간 내주시면 감사하겠습니다."라고 말했다. 처음엔 커피 한잔으로 시작했지만, 그 이후로 함께 저녁도 자주 먹고 술도 한잔 같이하며 진솔한 얘기를 나눴다. 고객을 대하는 법, 거절 극복법, 협상 테크닉 등 책에서는 절대 배울 수 없는 현장의 노하우들을 하나하나 전수받았다.

그때 김 부장님이 해주신 말이 하나 있다. "영업은 공장에서 물건 나르는 것과 달라. 고객의 마음을 나르는 거야." 이 한마디가 내 영업 인생에 있어 뚜렷한 터닝 포인트가 되었다. 멘토는 스스로는 절대 보지 못하는 자신의 모습을 보여주고, 성공을 향해 가야 할 방향을 제시해주는 나침반이 되어 준다. 하지만 가만히 있는다고 그 귀한 인연이 갑자기 생기는 게 아니다.

멘토는 진심으로 멘토를 구하고자 하는 사람에게만 나타난다. 나는 지금도 사업자 모임이나 마케팅 모임에서 나이가 어린 사람에게도 배울 점이 있다면 주저하지 않고 찾아가 배우고 있다. 평범한 카페 아르바이트생에게서도 얼마든 고객 서비스의 진수를 배울 수 있다.

〈3〉 자신에 대한 투자

세 번째 비법은 '투자하는 자세'다. 나는 지금까지 마케팅과 영업 교육, 책 등에 5,000만 원 이상을 투자했다. 누군가는 미쳤다고 했지만, 나는 내가 큰돈을 내고 배우는 것은 그만큼 성공을 간절히 원하기 때문이라고 생각한다. 당장의 금전적 손해가 눈에 보이지만 그렇게만 생각해서는 절대로 원하는 만큼 배움을 얻을 수 없다.

자신에 대한 투자를 아끼지 마라. 그 어떤 투자보다 자신에 대한 투자가 가장 큰 수익을 가져다준다. 주식이나 부동산은 실패할 수 있지만, 자신에 대한 투자는 절대 실패하지 않는다. 내가 지금도 매달 수입의 일정 부분을 교육비로 따로 떼어두는 이유가 바로 여기에 있다. 배움에는 끝이 없기 때문이다. 자신을 믿고 투자하라. 그 투자가 당신을 더 큰 성공으로 이끌어줄 것이다.

마지막으로 한 가지 더 말하고 싶은 것이 있다. 우리가 이렇게 실패하고 극복하는 과정은 단순히 영업 실적을 위한 것만이 아니다. 당신이 겪은 모든 실패와 극복의 순간들은 언젠가 또 다른 누군가에게 귀중한 가르침이 될 수 있다. 내가 그랬던 것처럼 말이다. 이제는 내가 후배들에게 '영업은 고객의 마음을 나르는 것'이라고 자신 있게 말할 수 있게 되었다. 당신도 곧 누군가의 멘토가 되어 있을 것이다.

03
나만의 성공 로드맵 만들기

로드맵, 즉 지도는 우리가 설정한 목적지로 가기 위해 꼭 필요한 여행 계획표다. 실제 지도에서 경로를 표시하듯, 꿈과 목표를 이루기 위해 필요한 모든 단계를 체계적으로 정리한 것이 바로 로드맵이다. 이는 단순히 눈앞에 닥친 목표를 넘어 언제까지, 무엇을 해야 할지를 구체적으로 보여주는 중요한 계획표다.

과거의 나 역시 로드맵 없이 무작정 달렸던 때가 있었다. 열정과 의욕만 가득했던 그때, 나는 매일 새벽부터 밤늦게까지 열심히 일만 했다. 하루에 수십 명의 고객을 만나고, 수없이 많은 전화를 걸고 받았다. 하지만 그만큼의 노력과 시간을 투자했음에도 불구하고, 에너지만 점점 소진되었고 업무 효율성은 떨어져 갔다.

지금 돌아보면 그때의 나는 '열심히'만 했을 뿐, '제대로' 하지는 못했다. 마치 목적지를 정하지 않고 무작정 길을 나선 여행자처럼 말이다. 아무리 열심히 걸어도 가고자 하는 곳이 어딘지 모른다면, 그것은 시간과 에너지 낭비일 뿐이다. 방향 없는 열정은 힘을 낭비하고, 계획 없는 노력으로는 성공에 다가서지 못한다. 방향을 설정하는 순간, 우리의 걸음은 의미를 얻는다. 계획은 길을 비추는 등불이고, 목표는 그 길의 목적지다. 이 두 가지가 함께할 때 우리는 마침내 성공의 여정을 완성할 수 있다.

"천 리 길도 한 걸음부터"라는 말이 있다. 크고 멀어 보이는 목표를 작은 단계들로 나눈다면 좀 더 수월하게 성취감을 줄 뿐만 아니라, 이를 바탕으로 다음 단계로 나아가는 원동력이 된다. 우리나라 대표 기업이자 글로벌 기업인 삼성의 위상도 하루아침에 만들어지지 않았다. 지금의 삼성이 있기까지 크고 작은, 수없이 많은 성공과 실패의 과정이 있었고, 그 하나하나가 모여 오늘날의 글로벌 기업을 탄생시켰다.

우리도 마찬가지다. 큰 목표를 이루기 위해서는 그것을 작은 단계로 나누어야 한다. 월간 목표는 주간 목표로, 주간 목표는 다시 일일 목표로 세분화하는 것이다. 이렇게 하면 큰 목표가 더 이상 두렵지 않은 작은 과제들로 나뉘게 된다. 매일 하나씩 이루어가는 작은 성취감, 그것이 바로 우리를 앞으로 나아가게 하는 힘이 된다. 오늘 하루 계획했던 일을 해냈다는 성취감은 내일을 위한 자신감이 되고, 이번 주 목표를 달성했다는 뿌듯함은 다음 주를 향한 도전의식이 된다.

장기적 비전과 단기적 목표 설정

지금부터 장기적 비전과 단기적 목표 설정에 대해 구체적으로 설명하겠다.

장기적 비전은 성공을 좌우하는 핵심이다. 5년, 10년 후 당신이 어떤 모습으로 성장해 있을지 생생하게 그려 보는 것이다. 장기적 비전을 세울 때는 세 가지 영역을 반드시 포함해야 한다.

- **전문성**: 어떤 분야에서 특별한 역량을 가진 전문가가 될 것인지 구체적으로 적어라. 단순히 "성공한 영업인이 되고 싶다"가 아니라, "5년 후에는 연 매출 10억을 달성하며, 500명의 고객에게 신뢰받는 영업 전문가가 되어 있을 것이다"처럼 구체적으로 작성해야 한다.

- **재정적 목표**: 연 매출을 숫자로 명확히 표현하라. "연간 매출 10억 원 달성, 5년 후 자산 20억 원 형성"처럼 구체적이고 측정 가능한 목표를 작성해야 한다.

- **삶의 질**: 성공을 통해 어떤 삶을 살고 있을지 구체적으로 상상하라. 단순히 "여유로운 삶"이 아니라, "주 4일 근무로 매주 금요일은 가족과 여행을 떠나고, 하루 6시간 효율적으로 근무한 뒤 저녁에는 취미 생활을 즐기며, 분기마다 2주간 해외여행을 다니는 삶"처럼 구체적으로 표현해야 한다.

이렇게 전문성, 재정적 목표, 삶의 질이라는 세 가지 영역에서 구체적인 목표를 세우면 우리의 뇌는 그것을 달성하기 위한 방법을 자연스럽게 찾기 시작한다. 막연한 꿈은 그저 꿈으로 남지만, 구체적인 목표는 실현 가능한 계획이 되기 때문이다.

이번에는 단기적 목표 설정 방법이다. 단기 목표는 반드시 장기 비전과 연결되어야 한다. 모든 작은 목표는 결국 우리가 꿈꾸는 미래로 향하는 돌계단이 된다. 단순히 "열심히 일하자"가 아니라, "이번 달에는 신규 고객 30명을 만나고, 그중 10명과 계약을 체결하겠다"처럼 명확한 목표를 설정해야 한다.

예를 들어, "월 신규 고객 30명 상담"이라는 목표를 세웠다면, 이를 주당 7~8명, 하루 1~2명 상담으로 나눌 수 있다. 목표를 세운 뒤에는 점검하는 습관을 들이고, 매일 아침에는 그날의 목표를 확인하라. 저녁에는 목표 달성 여부를 점검하고 개선점을 기록하라. 주말에는 한 주간의 진행 상황을 돌아보고 다음 주 계획을 세우는 시간을 가져야 한다.

하지만 목표를 세울 때 한 가지 주의할 점이 있다. 목표는 구체적이며 도전적으로 작성하되, 운영은 유연하게 해야 한다.

내가 경험했던 일을 말해주겠다. 매달 신규 고객 100명을 만나는 것이 목표였던 적이 있다. 목표 달성을 코앞에 두고 있던 월말, 한 소개로 만난 고객이 우리 회사의 전반적인 상품 구성에 관심을 보였다. 다른 고객보다 더 오랜 시간 상담하길 원했고, 만약 내가 단순히 '목표 달성을 위해 빨리 다음 고객으로 넘어가야지'라고 생각했다면 놓쳤을 기회였다. 하지만 나는 이 고객에게 시간을 좀 더 투자했고, 결과적으로 장기 거래처가 되어 안정적인 매출을 올리게 되었다. 이처럼 우리가 세운 목표는 나침반과 같다. 방향을 알려주되, 그 길을 가는 동안 예상치 못한 기회나 더 나은 경로가 보인다면 우리는 유연하게 대처할 줄 알아야 한다. 목표 자체가 우리를 속박하는 족쇄가 되어서는 안 된다.

목표 달성을 위한 계획 수립

이제 우리는 로드맵의 전체적인 틀과 설계법을 알게 되었다. 그렇다면 우리가 세운 목표를 달성하기 위해 어떻게 계획을 수립해야 할까?

목표 달성을 위한 계획 수립에 있어서 가장 중요한 것은 체계적인 접근이다. 우리의 비전과 목표는 체계적인 계획과 실천이 뒷받침될 때 비로소 현실이 된다. 먼저, 현재 우리가 가진 자원을 정확히 파악해야 한다. 이 자원이라는 것에는 물질적인 것뿐만 아니라 내 에너지도 포함된다. 내가 에너지를 어디에 가장 많이 쓰는지, 또 많이 쓸 수 있는지를 면밀히 파악하고 시간을 분배해야 한다.

아모레퍼시픽의 서성환 회장은 초기에 자신이 가진 것이 무엇인지 정확히 알고 있었다. 어머니에게 배운 화장품 제조 기술, 그리고 하루 24시간이라는 시간이었다. 그는 이 제한된 자원을 최대한 활용하기 위해 하루 일과를 철저히 계획하고, 매 시간 무엇을 해야 할지 구체적으로 정했다. 이런 계획이 중요한 이유는, 우리의 에너지와 시간은 한정되어 있기 때문이다. 모든 일에 똑같은 에너지를 쏟을 수는 없다. 어떤 시간대에 가장 집중력이 높은지, 어떤 업무에 가장 많은 에너지가 필요한지를 파악하여 시간을 배분해야 한다.

예를 들어 아침 시간대에 컨디션이 가장 좋다면, 이 시간은 가장 중요한 고객과의 미팅이나 신규 고객 발굴과 같은 핵심 업무에 할애해야 한다. 반대로 오후 시간에 집중력이 떨어진다면, 이 시간은 데이터 정리나 간단한 행정 업무처럼 상대적으로 적은 에너지가 필요한 일을 하는 것이 효율적이다.

목표 달성을 위한 또 다른 방법은 롤 모델을 만드는 것이다. 롤 모델이란 단순히 '닮고 싶다'라고 느껴지는, 막연한 대상이 아니다. 그들의 성공 과정을 구체적으로 연구하고, 실제로 자신의 삶에 적용할 수 있어야 진정한 의미의 롤 모델이라 할 수 있다. 우리의 꿈은 이런 체계적인 계획과 꾸준한 실천을 통해 이루어질 수 있다.

지금까지 성공을 향한 로드맵 설계에 대해 이야기했다. 우리는 장기적 비전을 세우고, 이를 구체적인 단기 목표로 나누어 실천해야 함을 배웠다. 또한 우리가 가진 자원을 정확히 파악하고, 이를 효율적으로 활용하는 방법에 대해서도 알아보았다. 하지만 무엇보다 중요한 것은 바로 실천이다. 아무리 완벽한 계획도 실천하지 않으면 그저 종이 위의 글자에 불과하다. 지금 이 순간, 당신의 꿈을 향한 첫걸음을 내딛기를 바란다.

04
반드시 고객의 마음을 사로잡는 법

이번에는 핵심 중의 핵심이라 할 영업 노하우에 대해 다루고자 한다. 바로 '고객의 마음을 단번에 사로잡는 법'과 '어떤 상황에서도 통하는 실전 설득 기술'이다. 이제 당신은 "저 사람은 도대체 어떻게 저런 고객까지 설득해 내지?"라는 말을 듣게 될 것이다.

설득은 즉흥적으로 하는 것이 아니다. 내가 10년째 영업 1위를 하면서 깨달은 가장 중요한 사실이다. 설득은 만나기 전에 이미 끝나 있어야 한다.

아리스토텔레스는 설득의 3요소에 대해 이야기했다. 첫째가 설득의 논리, 둘째가 청중의 감정, 셋째가 바로 화자다. 이 중에서 뭐가 제일 중요해 보이는가? 바로 세 번째 화자다. 왜 그런지 아는가? 월 500만 원 버는 사람이 "이 책 보면 성공합니다."라고 말하는 것과, 월 1억 원을 버는 사람이 "이 책 보면 성공합니다."라고 말하는 것은 완전히 다르기 때문이다. 자, 그러면 고객의 마음을 사로잡는 구체적인 방법들을 하나씩 살펴보자.

⟨1⟩ 신뢰의 법칙: 약속은 적게, 지키는 것은 많이

내가 영업하면서 항상 하는 것이 있다. 바로 약속을 적게 하고 많이 지키는 것이다. 보험 상담을 예로 들어보겠다. 많은 영업인이 "이 상품 좋으니까 한번 살펴보세요."라고 가볍게 말하고는 연락하지 않는다.

그러나 나는 다르다. "내일 오후 3시에 이 상품의 장단점을 정리해서 보내드리겠습니다."라고 구체적으로 약속하고, 반드시 그 시간에 맞춰 보낸다. 심지어 2시 55분에 보낸다. 정시에 보내면 급하게 만든 것 같지 않은가? 이런 작은 차이가 신뢰를 만든다.

⟨2⟩ 미지의 법칙: 질문으로 고객의 마음을 읽어라

우리가 설득할 때 가장 쉽게 하는 실수가 무엇인지 아는가? 바로 내가 원하는 것만 계속 이야기하는 것이다.

내가 실제로 겪은 사례를 들려주겠다. 몇 년 전 한 중소기업 대표를 만났다. 처음엔 운영자금에 대한 부분만 문의했다. 하지만 나는 일단 대표의 이야기를 듣고, 계속해서 질문을 던졌다. "회사 운영하면서 어려운 점은 어떤 것들이 있을까요?"라고 물으니 인건비 부담, 시설 개선 필요성, 원자재 가격 상승 문제까지 여러 고민들을 털어놓았다.

이런 고민을 어떻게 알 수 있었을까? 바로 질문했기 때문이다. 덕분에 단순히 운영자금 대출만이 아닌, 시설자금 지원, 인력 지원 사업, 그리고 원자재 구매자금 지원까지 대표에게 꼭 필요한 맞춤형 해결책을 제시할 수 있었다. 대표는 아주 만족했고, 나와 3년 넘게 함께 일하고 있다.

자, 여기서 잠깐 실습을 해보자. 지금 만날 고객이 진짜로 원하는 것이 무엇인지 세 가지만 적어보라. 이제 그 세 가지를 당신이 가진 것으로 어떻게 채워줄 수 있을지 생각해보라.

〈3〉 확신의 법칙: 스스로 믿지 못하면 팔 수 없다

　10년간 내가 영업하면서 가장 힘들었던 것은 무엇인지 아는가? 바로 내가 확신하지 못하는 상품을 팔아야 할 때였다. 마치 맛없는 식당을 억지로 추천하는 것처럼 불편했다.

　내가 처음 종신보험을 팔 때는 확신이 없어 굉장히 힘들었다. 그래서 한 달 동안 종신보험에 대해서만 공부했다. 상품을 분해하듯 하나하나 뜯어보고, 실제 보험금 지급 사례도 찾아보았다. 그러다 특별한 것을 발견했다. 우리나라 가장들이 사망했을 때, 평균 보험금이 3,000만 원도 안 된다는 것이다.

　이 사실을 알고 나니 확신이 생겼다. '아! 가장들 입장에서 죽고 난 후 가족이 3,000만 원으로 새 출발을 한다고 생각하면 불안해하겠구나!' 이제는 당당하게 말할 수 있다. "실비보험도 중요하지만, 가장으로서 종신보험은 필수입니다."

〈4〉 연출의 법칙: 디테일이 프로를 만든다

　당신이 만나는 모든 순간은 연출이다. 내가 상담할 때 주로 가는 카페가 있다. 조용하고, 창가 자리가 있고, 4인석 테이블이 있는 곳이다. 왜 4인석일까? 서류 펼치기 좋기 때문이다. 주차 가능 여부, 콘센트 위치, 조명 상태, 소음 정도, 화장실 위치까지 모두 고려한다.

너무 디테일하다고 생각하는가? 바로 이 사소해 보이는 부분에서 프로와 아마추어의 차이가 생긴다.

〈5〉 대수의 법칙: 마음이 있는 사람만 만나라

영화에서처럼 엄청난 화술로 고객을 설득하는 장면이 현실에선 흔치 않다. 내 경험상 미팅을 하면 대부분 흔쾌히 계약하고 만족하며 떠난다. 왜 그럴까? 바로 내가 이미 마음이 있는 사람들만 만나기 때문이다. 살 마음이 없는 사람을 억지로 설득하지 않는다. 우리의 시간과 에너지는 한정되어 있지 않은가.

처음 보험 영업할 때는 닥치는 대로 사람들을 만나고 다녔다. 친구, 친척, 지인… 심지어 길에서 전단지도 돌렸다. 그런데 성과는 100명 만나면 1명 겨우 계약하는 게 고작이었다. 지금은 다르다. 10명 만나면 7명은 계약한다. 비결이 무엇일까? 바로 '선별'이다.

요즘 나는 고객 미팅 전에 반드시 전화로 고객의 관심사와 필요성에 대해 파악한다. "어떤 부분이 궁금하십니까?", "현재 가입하신 보험은 어떤 것이 있습니까?", "월 보험료는 어느 정도로 생각하십니까?"와 같은 질문을 한다.

이게 왜 중요할까? 미팅 전에 간단한 질문만으로도 고객이 정말 원하는 것이 무엇인지, 어떤 문제를 해결하고 싶어 하는지 알 수 있다. 이를 통해 미팅 시 표적을 명확히 하여 고객에게 맞춤형 제안을 할 수 있다. 이 간단한 사전 질문만으로도 일의 효율을 높이고, 미팅에서는 시간을 허비하지 않고 핵심적인 내용에 집중하며, 긍정적인 효과에 한 발 더 가까워질 수 있다.

〈6〉 결정적 순간의 대화법

고객이 가장 망설이는 순간, 바로 계약서에 서명하기 직전이다. 이때 절대로 하지 말아야 할 말이 있다. "한번 해보세요." "후회 안 하실 겁니다." "지금이 기회입니다." 이런 말들은 오히려 역효과를 낸다.

대신 이렇게 해보라. "지금 결정이 어려우시다면, 다시 한번 천천히 설명해드리겠습니다.", "고객님께서 우려하시는 부분이 있다면 말씀해 주십시오." 이렇게 하면 오히려 고객이 안심하고 계약하는 경우가 많다.

05
진짜 영업의 시작, 팔로우업의 힘

영업 실무에서 가장 중요한 것으로 '팔로우업'을 꼽을 수 있다. 간단히 말해 팔로우업이란 '지속적 (사후) 관리'라 할 수 있다. 계약이 끝났다고 끝난 것이 아니다. 오히려 계약 이후가 진짜 시작이라는 점을 명심해야 한다. 내가 10년 동안 매출 1위를 할 수 있었던 진짜 비결이 바로 여기에 있다.

전화 한 통 하고, 정수기 한 대 더 파는 법

내가 정수기 영업을 할 때 항상 하던 일이 있었다. 매주 연락드려야 할 고객을 체크하는 것이다. 이 '연락'이라는 범주에는 설치 후 불편한 사항은 없는지 파악하는 것부터 사소한 안부 인사까지 모두 포함된다. 나는 설치 한 달 된 고객, 3개월 된 고객, 6개월 된 고객, 1년 된 고객으로 나누고, 다시 필터 교체 시기가 임박했거나 이사 예정인 고객, VIP 고객 등으로 세분화했다.

정수기를 설치해준 지 1년이 지난 한 고객에게 연락을 드렸더니, 이런 말을 했다. "마침 잘 연락 주셨네요. 이번에 사무실을 확장하는데, 추가로 정수기가 필요할 것 같아요." 이것이 바로 팔로우업의 힘이다.

그리고 중요한 것이 하나 더 있다. 바로 '시기'다. 여름철 무더위가 시작될 때 정수기 영업인은 어떻게 해야 하는가? 나는 5월부터 준비한다. 내 고객들 중에 냉수 수요가 늘어날 것 같은 분들을 미리 체크해두는 것이다. 예를 들어 헬스장 사장님처럼, 업무 환경이나 활동량 때문에 무더위에 냉수 수요가 증가하는 직업군의 고객들을 미리 파악하는 것이다.

명절이나 연말연시에는 어떻게 할까? 내가 특별히 준비한 문자 메시지가 있다.

"○○님, 항상 감사드립니다. 이번 명절 가족들과 행복한 시간 보내시길 바랍니다. 혹시 정수기 관리나 새로운 모델 관련해서 궁금한 점이 있으시다면, 연휴 끝나고 편하신 시간에 찾아뵙고 상담해 드리겠습니다.

즐거운 명절 보내세요."

이런 메시지 하나가 나중에 어떤 결과를 가져올까? 실제로 지난 명절에 이 메시지를 보냈더니, 한 고객이 부모님 댁 정수기 문의를 해왔다. 결국 가족 전체의 정수기 설치로 이어졌다.

거절 극복의 기술: 침묵과 질문

그리고 정말 중요한 부분이 있다. 바로 '거절 극복의 기술'이다. 거절이 두려운가? 나도 처음엔 그랬다. 그런데 이제는 달라졌다. 오히려 거절이 반갑다. 왜 그런지 아는가? 거절에는 항상 이유가 있기 때문이다. 그리고 그 이유를 알면, 거절이 바로 기회가 된다.

40대 후반의 자영업자 고객이 있었다. 고급형 정수기를 권했더니 단번에 거절했다. "그런 거 필요 없어요." 보통 이때 어떻게 하는가? 대부분 "아, 네." 하고 포기한다. 그러나 나는 이렇게 물었다. "혹시 어떤 부분이 마음에 안 드시나요?" 그랬더니 이런 답변이 돌아왔다. "월 렌탈 비용이 부담됩니다. 요즘 가게가 어려워서요."

자, 여기서부터가 중요하다. 나는 다시 물었다.

"아, 현재 가게 운영이 힘드시군요. 그럼 혹시 실제로 가게에서 정수기 사용하시면서 가장 필요한 부분이 어떤 것일까요?"

이렇게 물어보니 고객이 진짜 필요로 하는 부분이 나왔다. 얼음 정수기가 필요했지만 부담스러운 렌탈비 때문에 거절했던 것이다. 결국 어떻게 됐을까? 내가 처음에 권했던 고급형 정수기보다 월 렌탈비는 더 저렴한 상품을 찾아 얼음 정수기를 설치해드렸고, 거기에 맞춤형 관리 서비스까지 같이 설계해드렸더니 아주 만족하셨다.

여기서 중요한 팁 하나 알려주겠다. 거절을 극복하는 결정적인 순간은 바로 '침묵'이다. 고객이 "생각해볼게요."라고 하면 대부분의 영업사원이 바로 "그럼 언제쯤 결정하실 수 있으세요?"라고 묻는다. 나는 다르다. 4초간 침묵한다. 그러면 신기하게도 고객이 먼저 말을 꺼낸다. "아, 그런데 지금 당장 필요하긴 한데…" 이때를 놓치면 안 된다. 바로 "어떤 부분이 지금 필요하신가요?"라고 물어보거나, "저희 제품을 사용한 다른 고객들의 경험을 간단히 말씀드려도 될까요?" 같은 질문으로 대화를 유도해야 한다. 거절은 상대의 몫이지만, 노크는 나의 몫이다. 어떠한 말한 조각이라도 더 나오게 유도하는 것, 그것이 영업의 길이다.

신뢰의 복리 효과

마지막으로, 내가 당신에게 가장 강조하고 싶은 것이 있다. 바로 '장기적 관점'의 고객 관리다. 당장의 실적에 연연하고 있는가? 나도 처음엔 그랬다. 매일 밤 실적 숫자만 보며 잠 못 이룬 적도 많았다. 그런데 이제는 달라졌다. 왜 그런지 사례를 들려주겠다.

예전에 소형 공기청정기 하나만 구매하신 고객이 있었다. 나는 그분에게 매달 한 번씩 좋은 정보를 담은 메일이나 문자를 보냈다. 공기청정기 관리 팁, 실내 공기질 개선 방법, 계절별 알레르기 대처법 등이었다. 그리고 1년이 지났다. 어느 날, 그 고객이 생각지도 못한 연락을 주셨다. "그동안 메일 잘 받아봤어요. 이제 믿을 만한 분이라는 생각이 들어서⋯ 저희 회사 전체 공기청정기를 맡기고 싶은데요."

결과적으로, 이 한 분을 통해서 도합 5천만 원이라는 실적을 올렸다. 이것이 바로 '신뢰의 복리 효과'다.

마지막으로 꼭 강조하고 싶은 것이 있다. 영업은 결국 '진심'이다. 진심이 통하지 않는 고객은 없다. 다만 그 진심이 전달되는 데 시간이 좀 걸릴 뿐이다. 이 원칙 하나로 나는 10년을 버텼다. 당신도 이제 준비되었는가? 이제 밖으로 나가라. 고객을 만나고, 진심을 전하라.

06
제품과 서비스에 대한 철저한 이해

많은 이들이 영업을 잘하려면 소위 말빨만 좋으면 된다고들 말한다. 하지만 이는 아주 잘못된 생각한다. 자신이 파는 상품에 관한 완벽한 이해와 지속적인 공부, 연구가 없으면 아무리 말빨이 화려해도 단 1개의 상품도 팔지 못할 수도 있다.

〈1〉 제품 지식의 중요성

행동경제학자인 로웬스타인 박사는 "우리가 아는 정보의 양이 많아질수록 모르는 사실에 집착하게 된다."고 했다. 다들 알겠지만, 영업에서 가장 기본이 되는 것은 바로 제품에 대한 깊이 있는 이해다. 왜냐하면 고객들 역시 어느 정도의 정보를 가지고 오는 경우가 많기 때문이다. 인터넷에서 찾아보고, 지인에게 물어보고, 평판을 확인하고 오기도 한다. 문제는 이런 상황에서 단순히 '다른 영업사원들도 아는' 기본적인 특징만 설명하는 것은 아무런 가치가 없다는 것이다.

내가 공기청정기 영업을 했을 때의 경험을 나누겠다. 처음 영업을 시작했을 때는 단순히 카탈로그에 적힌 스펙만 외웠다. CADR 수치가 얼마고, 필터가 몇 단계고… 하지만 이것만으로는 고객의 마음을 움직일 수 없었다. 고객들은 "다른 제품도 비슷한 가격에, 비슷한 기능이 있던데요?"라고 말했고, 나는 그만 입을 다물 수밖에 없었다.

진정한 변화는 내가 실제로 제품을 사용해보고, 필터 교체도 직접 해보면서 시작되었다. 예를 들어, "이 제품은 필터 교체가 원터치로 되어 어르신들도 쉽게 하실 수 있어요."라고 말할 때, 내가 직접 경험한 내용을 전달하니 고객들의 반응이 달라졌다. 특히 인상 깊었던 것은 천식이 있는 초등학생 자녀를 둔 어머님과의 상담이었다. 내가 공기청정기의 실제 사용 경험과 미세먼지 제거 원리를 설명하면서, 자녀분의 상황에 맞는 구체적인 사용 팁까지 알려드렸더니 신뢰를 보내주셨고 이는 상품 구매로 이어졌다.

<2> 전문성 강화 방법

전문성을 강화하기 위해서는 세 가지가 필요하다.

첫째, 앞서 언급했듯 제품을 직접 사용해보는 것이다. 정수기 영업 시절, 나는 한 달간 회사의 여러 모델을 번갈아 사용해봤다. 냉수 온도, 온수 추출 시간, 필터 교체 과정, 심지어 야간에 소음이 얼마나 나는지까지 직접 체크했다. 이런 경험이 있었기에 고객이 "아기가 있는데 소음이 걱정돼요."라고 할 때, "저희 제품은 야간 모드를 켜면 수면을 방해하지 않을 정도로 조용해요. 제가 직접 사용해봤는데, 아기 숨소리보다도 작답니다."라고 자신 있게 말할 수 있었다.

둘째, 기술적 원리를 이해하는 것이다. 이번에는 정책자금 컨설팅을 할 때의 사례를 이야기하겠다. 나는 소상공인이나 중소기업 대표들과 미팅할 때, 재무제표를 면밀하게 분석하는 것부터 시작했다. 단순히 "이 지원금을 받을 수 있습니다."가 아니라, "귀사의 매출액 대비 영업이익률을 고려할 때, 이런 지원사업이 적합합니다."라고 말할 수 있었다. 특히 제조업 A사의 경우, 처음에는 단순히 운영자금을 원했지만, 내가 회사의 재무 상태와 시장 상황을 분석해보니 스마트공장 구축 지원사업이 더 적합해 보였다.

나는 대표에게 "단기적인 운영자금도 중요하지만, 장기적으로 생산성 향상이 필요해 보입니다. 스마트공장 구축 시 정부 지원금을 받을 수 있고, 이를 통해 생산성이 30% 이상 향상된 사례가 많습니다."라고 설명했다. 결과적으로 스마트공장 구축 후 매출이 50% 증가했고, 이는 내가 회사와 산업에 대한 이해가 있었기에 가능한 제안이었다. 나는 최근 3년간의 재무제표를 분석하여 시설자금 신청이 유리하다는 것을 수치로 증명해드렸다. 이처럼 기술적 원리를 이해하는 것은 영업에서 아주 중요한 요소다.

셋째, 고객 피드백을 수집하고 분석하는 것이다. 이는 제품 개선뿐만 아니라, 다음 고객과의 상담에서 귀중한 레퍼런스가 된다. 정수기의 경우, 실제 사용 고객들의 전기료 변화, 필터 사용 기간, 사용 후기 등을 꼼꼼히 정리했다. 이런 실제 사례들이 있었기에 "한 달 전기료가 얼마나 올라가나요?"라는 질문에 구체적인 수치로 답변할 수 있었다.

〈3〉 경쟁사 분석과 차별화

우리 제품에 대한 높은 이해도만큼이나 경쟁사 제품에 대한 이해도도 중요하다. "적을 알아야 나를 안다."는 말처럼, 경쟁사 제품의 장단점을 제대로 파악해야 우리 제품의 강점을 부각시킬 수 있다. 하지만 여기서 주의할 점이 있다.

차별화 포인트는 반드시 고객의 관점에서 찾아야 한다. 기술적 우위보다는 고객이 체감할 수 있는 가치를 중심으로 설명하는 게 더 좋다. 예를 들어, 정수기의 경우 "나노필터 기술로 미세 오염물질을 99.9% 제거합니다."라는 설명보다는 "아이들이 마셔도 안전한 물이 나옵니다. 실제로 어린이집에서 많이 사용하고 계세요."라고 설명하는 것이 더 효과적이다.

제품에 대한 철저한 이해는 단순한 지식 암기가 아니다. 직접 경험하고, 원리를 이해하고, 고객의 관점에서 가치를 발견하는 것이 중요하다. 이것이 바로 전문가로 인정받는 지름길이다. 특히 기억해줬으면 하는 부분은, 제품 지식이 많다고 해서 그것을 모두 말할 필요는 없다는 점이다. 고객의 필요에 맞는 적절한 정보를 선별해서 전달하는 것이 진정한 전문가의 모습이다.

07
좋은 첫인상 남기기와 이미지 메이킹

이번 편은 바로 첫인상과 이미지 메이킹에 관한 내용이다.

〈1〉 첫인상의 과학

하버드 대학의 연구에 따르면, 사람들은 단 7초 만에 상대방에 대한 첫인상을 형성한다고 한다. 더 놀라운 것은, 이렇게 형성된 첫인상을 바꾸는 데에는 최소 6개월이 걸린다는 점이다. 영업 현장에서 우리에게 주어진 시간이 넉넉하지 않다는 점을 고려하면, 이 7초가 얼마나 중요한지 알 수 있을 것이다.

내가 신입 영업사원 시절에 겪은 실패 사례가 하나 있다. 어느 날 큰 거래처를 방문을 앞두고, 늦잠을 자는 바람에 급하게 준비하고 갈 수밖에 없었다. 머리는 제대로 말리지도 않고, 셔츠는 구겨져 있었다. 고객과의 미팅 내내 내 이미지가 신경 쓰였고, 결국 그날 미팅은 완전히 실패로 끝났다. 이후 그 고객사와 관계를 회복하는 데 6개월이 훌쩍 넘는 시간이 걸렸다.

〈2〉 신뢰를 주는 외모 관리

신뢰감을 주는 외모는 그럴싸한 꾸밈이 아닌 진심 어린 '관리'로 완성된다.

첫째, 복장의 기본은 '깔끔함'이다. 값비싼 옷이 아니라 단정한 옷이 중요하다. 구김 없는 셔츠, 깨끗한 구두, 적절한 길이의 머리가 기본이다. 나는 매주 업무를 시작하는 날 아침, 그 주의 모든 셔츠를 미리 다려서 걸어놓고, 구두 두 켤레를 번갈아 사용했다. 특히 비 오는 날을 대비해 여분의 양말도 항상 가방에 소지하고 다녔다. 이런 디테일한 준비가 고객과의 미팅에서 자신감으로 이어졌고, 사소한 걱정을 제거함으로써 업무에 더 집중할 수 있었다.

둘째, TPO_{Time, Place, Occasion}에 맞는 복장을 선택하라. 건설 현장을 방

문할 때와 금융권 고객을 만날 때의 복장은 달라야 한다. 나는 항상 고객사의 드레스코드를 미리 파악하고, 그보다 한 단계 격식 있는 복장을 선택했다.

<3> 신뢰를 주는 태도

외모만큼 중요한 것이 태도다. 여기에는 세 가지 핵심 포인트가 있다.

첫째, 시선 처리다. 상대방의 눈을 부담스럽지 않게 응시하되, '3초 응시, 1초 휴식'의 리듬을 만들어보라. 이것은 진정성과 자신감을 전달하는 가장 효과적인 방법이다.

둘째, 자세다. 허리는 곧게, 어깨는 펴되 경직되지 않도록 하라. 이때 중요한 것은 '편해 보이면서도 바른 자세'다. 너무 굳어 있으면 오히려 부자연스러워 보인다.

셋째, 미소다. 입꼬리만 올리는 형식적인 미소가 아닌, 눈까지 웃는 진정성 있는 미소를 연습하라.

<4> 비언어적 커뮤니케이션의 힘

심리학자 메라비언의 법칙에 따르면, 의사소통에서 실제 말의 내용은 7%에 불과하고, 목소리 톤이 38%, 비언어적 요소가 55%를 차지한다고 한다.

첫째, 제스처는 자연스럽게 사용하되 과하지 않아야 한다. 손동작은 가슴 높이에서, 팔은 몸에서 45도 이내로 움직이는 것이 적절하다.

둘째, 목소리 톤과 속도다. 중요한 내용은 속도를 줄이고, 톤을 약간 낮춰서 신뢰감을 높여라. 보험이든, 금융이든, 제품이든 모든 영업은 '신뢰'를 기반으로 이루어진다. 특히 가격이나 계약 조건과 같은 민감한 내용을 전달할 때는 더욱 신경 써야 한다. 빠르게 지나가려 하면 오히려 고객의 의심을 살 수 있다. 자신감 있고, 또박또박, 정확하고 직관적으로 전달하라.

셋째, 상대방의 비언어적 신호에도 민감하게 반응하는 게 중요하다. 고객의 몸짓은 말보다 더 정직하다. 고객이 팔짱을 끼거나 시계를 보는 등의 행동을 보이면, 대화의 방향을 빠르게 전환해야 한다. 고객이 자꾸 팔짱을 끼고 의자에 깊숙이 기대거나 시계를 본다면, 명백한 거부감의 신호다. 나는 즉시 기술적인 부분에 대한 설명을 간결하게 마무리하고, 사용 경험에 대한 설명으로 분위기를 전환했다.

- 고객이 하품하거나 눈을 자주 깜빡일 때 → **지루함을 나타내는 신호다. 즉시 핵심 포인트로 넘어가야 한다.**

- 고객이 턱을 문지르거나 안경을 만질 때 → **의사결정에 고민이 있다는 뜻이다. 잠시 침묵을 주어 생각할 시간을 제공하는 것이 효과적이다.**

- 고객이 책상을 두드리거나 발을 떨 때 → **초조함이나 불안감을 나타낸다. 설명을 멈추고 고객의 상태를 확인해야 한다.**

이러한 신호를 놓치지 않으려면 고객의 이야기를 들을 때 눈만 보지 말고 전체적인 자세와 몸짓까지 관찰하는 습관을 길러야 한다. 처음에는 어려울 수 있지만, 꾸준히 연습하면 자연스러워진다. 중요한 것은 신호를 발견했을 때의 대처 방식이다. "제가 드린 설명 중 이해하기 어려운 부분이 있으셨나요?" 또는 "혹시 추가로 궁금하신 점이 있으신가요?"와 같은 열린 질문을 통해 고객의 불편함을 자연스럽게 해소하는 게 좋은 방법이다.

<5> 마무리

첫인상이 경쟁력이 되는 시대다. 영업이라는 분야에서 첫인상이란 특히 더 중요하다. 상대에게 좋은 첫인상을 남기는 것은 타고나는 게 아니라 '만들어가는 것'이다.

처음에는 어색할 수 있다. 목소리가 떨리고, 제스처가 부자연스럽고, 시선 처리가 어려울 수 있다. 하지만 첫인상은 실수가 용납되지 않는 단 한 번의 기회다. 진정성 있는 태도와 꾸준한 관리만으로도 충분히 좋은 첫인상을 만들 수 있다.

위의 내용들을 실제로 연습해보라. 거울 앞에서, 또는 동료들과 함께 연습하면서 자신만의 자연스러운 스타일을 만든다면 분명 당신의 영업 활동에 큰 도움이 될 것이다. 결국 영업의 핵심은 '신뢰'다. 그리고 이 신뢰는 우리의 작은 몸짓, 표정, 말투에서 시작된다는 점을 가슴 깊이 새겨야 한다.

08
고객들에게 늘 기억되는 영업인이 되는 법

20년도 더 된 첫사랑의 얼굴은 왜 그리도 또렷이 기억날까? 바로 그 순간이 우리 인생에서 특별한 '임팩트'를 남겼기 때문이다. 매일 수많은 사람을 만나는 비즈니스 세계에서, 우리는 어떻게 하면 '기억되는 사람'이 될 수 있을까? 그것은 바로 '임팩트 있는 한마디로 시작하는 것'이다.

영화를 볼 때 첫 장면이 중요하듯, 비즈니스 미팅도 마찬가지다. 나는 전국 실적 1위의 영업사원일 때, 미팅 시작 멘트까지 미리 설계해 두었다. 상황에 따라 임팩트 있는 한마디가 분위기를 완전히 바꾼다는 사실을 잘 알고 있었기 때문이다.

보험 영업을 할 때는 "고객님, 오늘은 불행 이야기가 아닌 행복 이야기를 하러 왔습니다."라고 시작했다. 고객은 대부분의 보험 영업이 불행한 이야기로 시작한다는 것을 알기 때문에 이 멘트에 크게 흥미를 보였다.

정수기 영업을 할 때는 "고객님, 혹시 지금 마시는 물에 어떤 세균이 있는지 직접 보고 싶으시진 않으신가요?"라고 말하며 휴대용 현미경을 꺼내 보였다. 고객들은 놀라면서도 흥미를 가졌다.

이처럼 임팩트 있는 첫마디의 핵심은 '의외성'과 '호기심 자극'이다. 고객이 전혀 예상하지 못했던 접근으로 시작할 때, 우리는 평범한 영업사원이 아닌 '특별한 전문가'로 기억되기 시작한다. 여기서 중요한 점은 멘트가 단순히 튀는 내용이 아니라, 제품이나 서비스와 자연스럽게 연결되어야 한다는 것이다.

더불어 자신만의 시그니처를 만들어 주면 더 강렬한 인상을 남길 수 있다. 항상 태블릿을 들고 다니며 "고객님, 제가 지금 보여드리는 자료는 실시간으로 업데이트되는 최신 정보입니다."라고 말하는 방식 같은 게 하나의 예다. 이것은 단순한 관심 끌기가 아니라, '이 사람은 뭔가 다르구나.'라는 인상을 남기고 신뢰를 쌓아갈 기회를 얻는 방법이다. 늘 강조하지만 가장 중요한 것은 진정성이다. 진정성 없는 시그니처는 가식적인 퍼포먼스로 보일 뿐이다.

나에게 꼭 맞는 식당을 자주 가듯이, 고객도 '자신에게 꼭 맞는 전문가'를 원한다. 상대방이 나를 필요로 하게 만드는 특별한 '포지셔닝' 또한 신경을 써야 한다.

정수기 영업을 할 때 나는 물 자체에 대해 깊이 공부했다. 미네랄의 종류부터 수질 검사 방법, 정수 방식의 장단점까지 파고들었다. 그러다 보니 고객들이 "물에 대해서는 유준 씨한테 물어봐야 해."라고 할 정도가 되었다.

포지셔닝의 핵심은 '대체 불가능한 가치'를 만드는 것이다. 정수기는 어디서나 살 수 있다. 하지만 '물 전문가'의 세세한 조언과 관리는 아무나 해줄 수 없다. 나는 단순히 정수기를 판매하는 것이 아니라, '우리 가족의 물 건강 주치의'라는 포지션을 만들었다. 필터 교체 시기가 되면 직접 연락하고, 계절별 수질에 대한 조언도 해드렸다.

결국 포지셔닝은 '선택과 집중'이다. 모든 것을 잘하려고 하기보다, 한 가지라도 확실한 차별점을 만드는 것이 중요하다. 그것이 바로 여러분만의 블루오션이 된다. 임팩트 있는 첫마디로 시작해서, 나만의 확실한 포지셔닝으로 마무리하는 것. 이것이 바로 평범한 영업사원에서 '특별한 전문가'가 되는 핵심 비결이다.

09
건강한 거절의 기술, 신뢰를 만드는 'NO'

우리 영업인들에게 가장 어려운 것 중 하나가 바로 '거절'이다. 고객이 무리한 요구를 할 때, "한번 알아보겠습니다."라고 애매하게 답하고 나중에 더 큰 곤란을 겪은 경험이 있을 것이다.

거절은 참 어렵다. 특히 '고객은 왕'이라는 생각에 익숙해져 있어서 더 그런 것 같다. 하지만 건강한 관계는 서로가 서로를 존중하는 관계여야 한다. 때로는 'NO'라고 말할 수 있어야 오히려 더 신뢰받는 전문가가 될 수 있다.

세계적인 영업 전문가 브라이언 트레이시는 "최고의 세일즈맨은 'YES'만 하는 사람이 아니라, 적절한 순간에 'NO'를 할 줄 아는 사람이다."라고 말했다. 진정한 전문가는 모든 것을 다 들어주는 사람이 아니라, 고객을 위해 때로는 거절할 줄도 아는 사람이다. 결국 영업의 본질은 신뢰 관계를 만드는 것이고, 건강한 거절은 오히려 더 깊은 신뢰 관계로 이어질 수 있다. 다음은 건강한 거절을 위한 네 가지 기술들이다.

1. 명확한 상황 파악 후 부정하기

고객이 "가격 좀 깎아주세요."라고 했을 때, 성급하게 거절하기 전에 "어떤 계획을 가지고 계신지 자세히 말씀해 주시겠어요?"라고 먼저 물어보라. 상황을 정확히 파악하면 거절할 상황이 아닐 수도 있고, 거절하더라도 더 나은 대안을 제시할 수 있다.

예를 들어, 고객이 대량 구매를 계획하고 있다면 "수량에 따른 할인은 어렵지만, 대신 무상 유지보수 기간을 연장해드릴 수 있습니다"라고 하면 고객도 훨씬 더 납득할 수 있다. 상황 파악 없는 거절은 기회도 놓치고 관계도 해칠 수 있지만, 정확한 상황 파악 후의 거절은 신뢰를 높이는 계기가 될 수 있다.

2. 바디랭귀지 활용

거절할 때 말투, 표정, 몸짓이 매우 중요하다. 고개를 숙이거나 시선을 피하면 마치 우리가 잘못하거나 속이는 것처럼 보일 수 있다. 거절할 때는 반드시 상대방과 눈을 맞추고, 단호하지만 공손한 태도로 말해야 한다. 진정성은 말뿐만 아니라 몸짓, 표정, 목소리 톤까지 모두 담아 전달해야 한다.

3. 거절 이후의 대안 제시

매 순간 거절만 하면 고객과의 관계는 나빠질 수 있다. 하지만 거절과 동시에 대안을 제시한다면 오히려 신뢰를 얻을 수 있다. "렌탈료를 30% 깎아주세요."라는 요청에 "그건 어렵습니다." 대신 "30% 할인은 어렵지만, 대신 24개월 무상 AS와 무료 설치를 제공해드릴 수 있습니다. 실제 금액으로 따지면 오히려 더 큰 혜택이 될 수 있어요."라고 말하는 것이다.

거절은 '불가능'이 아니라 '다른 가능성'을 여는 문이 될 수 있다. 대안을 제시할 때는 반드시 고객의 입장에서 생각하고, 고객이 진정으로 원하는 것이 무엇인지를 고민해야 한다.

4. 감사 인사로 마무리하기

거절할 때 감사 인사를 덧붙이면 관계가 오히려 더 돈독해질 수 있다. 무리한 요구를 거절할 때 "고객님께서 저희 제품에 관심을 가져주시고, 이렇게 좋은 제안도 해주셔서 정말 감사합니다. 비록 지금은 그 제안을 받아들이기 어렵지만, 앞으로도 더 좋은 서비스로 보답하도록 하겠습니다."라고 말해보라. 거절당한 고객도 미소를 지으며 오히려 "아니에요, 제가 너무 무리한 부탁을 했네요."라고 할 수 있다. 거절도 소통 방식이며, 감사함으로 마무리되면 관계는 더욱 깊어진다.

이제 '거절이 두렵다'가 아니라 '거절도 하나의 기술이다'라는 생각이 드는가? 때로는 건강한 'NO'가 신뢰받는 영업인으로 가는 지름길이 될 수 있다. 우리는 단순한 영업사원이 아닌, 고객의 진정한 파트너가 되어야 하니까 말이다.

10
영업 성공의 핵심 원칙, 긍정의 힘

이 세상에 존재하는 모든 자기계발서에, 반드시 빠지지 않고 들어가는 키워드가 하나 있다. 바로 '긍정'이다. 영업 분야 역시 마찬가지다. 긍정 마인드로 무장하지 않으면 절대 영업으로 성공할 수 없다. 그렇다면 영업에서 긍정 마인드는 어떻게 중요할까?

고객은 영업사원의 태도를 즉각적으로 감지한다. 돈이 오가는 거래이기에 평소 편안한 상황보다 더욱 예민해지는 것이다. 긍정적인 마인드를 가진 영업인과 부정적인 마인드를 가진 영업인, 누구에게 더 호감이 갈까? 당연히 긍정적인 마인드, 긍정적인 에너지를 가진 사람일 것이다.

나 역시 여러분처럼 두려움과 걱정에 밤잠 못 이루던 시절이 분명 있었다. 10년 전 처음 영업을 시작했을 때는 매일 아침 불안감에 시달렸고, 고객의 거절이 두려워 전화 한 통 걸기가 힘들었다. 이를 극복하기 위해 내가 찾아낸 방법은 바로 '자신과의 긍정적 대화'다.

우선 매일 아침 출근길에 '나는 오늘도 최선을 다할 것이다.', '나는 고객에게 가치를 전달하는 전문가다.'라고 되뇌었다. 처음에는 어색했지만 이런 긍정적인 자기 대화의 시간이 쌓이면서 실제로 내 행동과 마음가짐이 변화하기 시작했다. 특히 힘든 상황에서는 더욱 의식적으로 긍정적인 말을 했다. '이번 실패는 다음 성공을 위한 배움이다.', '모든 거절은 나를 더 강하게 만든다.'와 같이 말이다.

그리고 놀라운 일이 일어났다. 내가 스스로에게 하는 긍정적인 말들이 점차 현실이 되어갔고, 결과적으로 실적도 크게 향상되었다. 지금도 나는 매일 아침 이런 긍정적 확언으로 하루를 시작한다.

그렇다면, 자기 확신에 더욱 힘을 실어 실제 성과로 만드는 방법에는 무엇이 있을까?

첫 번째, '전문성 강화'다.

예를 들어, 정수기 영업을 한다면 정수기의 모든 기능을 완벽히 숙지하자. 경쟁사 제품과의 차이점을 정확히 파악하고, 수질과 건강에 관한 전문 지식을 쌓는다면 전문성이 강화되고 더불어 자기 확신의 강도도 높아질 것이다.

두 번째, '성공 일기 작성'이다.

매일 저녁 아무리 작더라도 그날 있었던 성공의 순간들을 기록하자. "고객과 좋은 관계를 맺었다, 새로운 지식을 습득했다, 거절에도 침착하게 대응했다." 등등. 이런 작은 성공들이 쌓여 큰 자신감이 된다. 처음에는 별것 아닌 것처럼 보일 수 있지만, 한 달만 꾸준히 해보라. 그러면 당신은 자신이 얼마나 많이 성장했고, 얼마나 많은 성공 경험을 했는지 분명히 깨닫게 될 것이다. 이런 깨달음이 바로 더 큰 도전을 향한 자신감의 밑거름이 된다. 무엇보다 중요한 것은, 이런 기록들이 힘든 시기를 겪을 때 당신을 지탱해주는 큰 힘이 된다는 점이다. 과거의 성공 경험들을 떠올리면서 "나는 할 수 있다."는 확신을 가질 수 있게 될 것이다.

긍정 마인드를 갖추는 것만큼이나 중요한 게 부정적 감정 극복하기다. 아무리 긍정 마인드로 무장한다 하더라도 불쑥 찾아오는 부정적 감정을 떨쳐내기란 쉽지 않다. 평생 부정적인 시선으로 세상을 바라보며 살아온 사람에게는 더욱 그렇다. 그러한 경우에는 긍정 마인드 갖추기가 아닌, 부정 마인드 극복하기로 관점을 달리하는 것도 하나의 방법이 될 수 있다. 다음은 내가 찾아낸 부정적 감정의 극복 방법들이다.

첫째, '거절'을 너무 심각하게 받아들이지 말자.

내가 늘 직원들에게 하는 말이 있다. "나는 거절을 당한 것이 아니다. 나를 거절한 사람들이 나를 잃은 것이다." 이것은 단순한 위로의 말이 아니다. 우리가 제공하는 제품이나 서비스에 대한 확신이 있다면, 고객의 삶을 더 나은 방향으로 변화시킬 수 있다. 그렇기 때문에 최선을 다했음에도 거절을 당한다면, 좌절할 필요가 없다. 그저 '서로 연이 닿지 않아 내 진정한 가치를 보여주지 못했구나.'라고 생각하고 다음 기회를 위해 더 철저히 준비하면 된다.

둘째, '실패'를 학습의 기회로 삼자.

실패 후에는 반드시 다음 세 가지를 분석하는 습관을 갖춰야 한다.

- 무엇이 잘못되었나?

- 어떻게 개선할 수 있나?
- 다음에는 어떻게 할 것인가?

누구나 실패를 겪을 수는 있다. 다만 어떻게 극복하고 나아갈지를 파악하는 게 중요하다. 이번 실패가 한 단계 더 성장할 수 있는 발판이라고 생각하고 주저 없이 다시 앞으로 나아가야 한다.

셋째, '동료'와 함께 부정 마인드를 이겨내라.
당신은 혼자가 아니다. 긍정적인 동료들과 함께하면 혼자 고민하고 힘들어하는 것보다 훨씬 빨리 부정적 감정을 빨리 극복할 수 있다.
영업은 단거리 경주가 아니다. 마라톤이다. 매 순간 피로와 그에 따른 부정적 기운이 몰려온다. 하지만 그보다 더 커다란 긍정의 기운을 내 것으로 만들 수 있다면, 여러분은 반드시 영업으로 성공하게 될 것이다.

PART 3

평생 고객을 만드는 '신뢰성과 진정성'

01
평생 고객을 만드는 신뢰 구축의 비밀

여러분은 지금까지 제품을 팔기 위해 어떠한 노력을 해 왔는가. 제품의 기능과 장점을 열심히 설명하는 것? 경쟁사와의 차별성을 강조하는 것? 물론 이런 방법들도 중요하지만, 내가 다룰 내용은 그보다 더 근본적인 성공 요인이자 '평생 고객'을 만들어 내는 토대인 '신뢰'에 관한 것이다.

〈1〉 신뢰 구축의 시작: '빨리 팔기'보다 '오래 보기'

많은 영업인이 "어떻게 하면 빨리 실적을 올릴 수 있을까?"를 고민한다. 하지만 진정한 영업의 핵심은 '신뢰 구축'이다.

세계적인 영업 전문가 지그 지글러는 이런 말을 했다.

"단기 실적을 쫓다 보면 당신은 영업사원이 되고, 고객의 성공을 돕다 보면 당신은 파트너가 됩니다."

실제로 한 연구 결과에 따르면, 신규 고객을 획득하는 비용은 기존 고객을 유지하는 비용의 5배에 달한다고 한다. 또한 단골 고객의 구매액은 일반 고객보다 평균 67% 더 높다. 당장의 매출보다 중요한 것은 고객과의 신뢰 관계다. 그것이 바로 장기적 성공의 토대가 된다.

변화는 관점을 바꾸는 데서 시작된다. 빨리 팔기가 아닌 '오래 보기'로 전략을 바꾸는 것이다. 그 결과, 지금은 80% 이상의 고객이 단골이 되어 주었다. 그렇다면 고객과 장기적인 관계를 형성하는 전략은 무엇일까?

고객이 추구하는 '이익과 손실' 사이의 공식은 단순하다. 이익이 손실보다 높으면 고객은 움직인다. 렌탈 제품은 약정이 남았을 때 10만 원 이상의 위약금이 발생하는 경우가 많다. 그럼에도 고객이 구매하고 싶게 만드는 것이 우리의 목표다.

나 역시 그런 경우를 자주 접했다. 언젠가는 위약금이 남아 새로운 계약을 망설이는 고객에게 제휴카드 혜택을 설명하며 문제를 해결했다.

"대표님, 월 30만 원이면 13,000원 할인입니다. 8개월만 쓰셔도 위약금은 해결되고, 저희의 안전한 제품과 서비스를 제공받으실 수 있습니다! 게다가 오늘 계약하시면 얼마 상당의 사은품도 3일 내 받아보실 수 있게 도와드리겠습니다. 지금 바로 진행하시죠!"

이처럼 이익과 손실을 정확하게 설명했더니 신뢰는 물론이고 계약 성공률도 함께 올랐다.

〈2〉 고객의 성공을 돕는 파트너십 구축

고객과의 신뢰를 구축하는 방법은 여러 가지가 있다.

첫째, 고객의 비즈니스를 이해하라.

예를 들어 나는 식당을 운영하는 고객에게 정수기나 청정기 제품을 영업할 때는, 먼저 그 식당의 메뉴, 주방 동선, 피크 타임대의 작업 패턴까지 파악했다. 그리고 이를 바탕으로 실제 도움이 되는 제품을 제안했다. 이런 접근은 고객의 신뢰로 이어졌고, 나중에는 새로운 제품이 나올 때마다 먼저 연락이 왔다.

둘째, 문제 해결사가 돼라.

제품 판매는 문제 해결의 시작일 뿐이다. 위기를 기회로 바꾼, 세계적인 컨설팅 회사 맥킨지의 실제 사례를 보자. 주요 거래처의 생산라인에서 심각한 품질 문제가 발생했을 때, 이 회사의 영업팀은 단순히 부품 교체만 한 것이 아니라, 48시간 동안 현장에 상주하며 전체 생산 프로세스를 재점검했다. 그 과정에서 잠재적인 문제점들까지 발견하고 해결 방안을 제시했고, 이후 이 고객사는 해당 업체를 글로벌 독점 공급업체로 지정했다고 한다. 이처럼 진정한 문제 해결사가 된다는 것은, 단순히 제품이나 서비스를 제공하는 것을 넘어, 고객의 비즈니스 전반을 이해하고 함께 성장하는 파트너가 되는 것을 의미한다.

〈3〉 고객 만족 맞춤형 제안서 작성

이러한 파트너십을 구축하는 데 있어 가장 중요한 도구가 바로 '맞춤형 제안서'다. 세계적인 컨설팅 회사 베인앤컴퍼니의 연구에 따르면, 성공적인 B2B 거래의 85%는 고객 맞춤형 제안서에서 시작되었다고 한다.

제안서를 작성할 때는 '고객의 언어'를 고려해야 한다. 전문 용어나 기술적인 설명보다는 고객이 실제 체감할 수 있는 가치, 즉 직관성을 중심으로 작성하는 것이다. "에너지 효율 20% 향상"이 아니라 "월 전기 요금 50만 원 절감"으로 표현하는 식이다.

여기서 한 가지 더 기억할 것이 있다. 다시 강조되는 '사후 관리'의 중요성이다. 제품을 판매한 후에도 정기적으로 데이터를 수집하고 분석하여 고객에게 리포트를 제공하면 지속적인 신뢰를 얻을 수 있다. 예를 들어, 정수기를 구입한 고객에게 3~6개월마다 "정수기 사용 현황과 절감 효과 분석" 보고서를 제공하며 추가적인 개선점을 제안하는 것이다.

진정한 영업은 판매가 아닌 '신뢰 구축'에서 시작된다. 당장의 실적에 연연하지 말고, 고객과의 신뢰 관계를 먼저 생각하라. 특히 기억해줬으면 하는 것은, 고객의 성공이 곧 나의 성공이라는 점이다. 고객이 성공할 수 있도록 돕는 것, 그것이 바로 최고의 영업 전략이다.

02
상품 판매원이 아닌, 문제 해결사 되어 주기

"이 제품의 장점은요…."

"경쟁사 대비 우리 제품은…."

당신도 이런 식의 영업을 해본 적이 있을 것이다. 잠시 생각해보자. 고객은 정말 제품의 스펙이나 경쟁사와의 비교만을 원하는 걸까?

〈1〉 영업의 본질 이해하기: 가치로 승부하라

정수기 영업을 할 때의 사례를 들려주겠다. 고객이 "월 렌탈료가 비싸다."고 하면, 나는 단순히 가격 할인을 제시하지 않았다. 대신 이렇게 물었다. "고객님, 현재 생수는 어떻게 구입하고 계신가요?" 그러면 대부분의 고객이 "매달 생수를 배달시켜 먹는다."거나 "마트에서 사다 먹는다."

라고 답했다.

그때 나는 고객과 함께 계산을 해보았다. 20리터 생수 기준으로 한 달 평균 4통을 소비하고, 배달비까지 포함하면 월 3만 원 정도의 비용이 나왔다. 거기에 더해 "혹시 주방에서 물을 끓여 드시나요?"라고 물으면, 대부분 "네"라고 대답했다. 그러면 전기료 계산을 했다. 보통 한 달에 8천 원에서 1만 원 정도가 나왔다.

이렇게 고객이 현재 지출하고 있는 비용을 함께 계산해보니, 월 5만 원 정도가 들었다. 여기에 "생수통 보관 공간이 필요 없어지고, 무거운 생수통을 들어 나를 필요도 없으며, 24시간 무상 A/S까지 제공됩니다."라고 설명하니, 고객에게 월 렌탈비 3만4천 원이 더 이상 비싸게 느껴지지 않았을 것이다. 결국 중요한 건 가격이 아니라, 고객의 입장에서 생각하고 실질적인 가치를 보여주는 것이었다.

〈2〉 고객 요구 파악의 기술

무엇보다 고객의 진정한 고민을 끌어내는 대화법이 중요하다. 그래서 질문에도 기술이 필요하다.

"현재 가장 큰 어려움은 무엇인가요?"

"앞으로의 계획은 어떻게 되시나요?"

"이상적인 해결책은 어떤 모습일까요?"

이런 질문들은 단순한 정보 수집이 아니다. 고객의 숨겨진 요구사항을 발견하는 과정이다. 고객은 자신의 진짜 고민을 처음부터 말해주지 않는다. 대부분 표면적인 것, 즉 가격이나 성능 같은 것만 물어본다. 하지만 그 뒤에는 비용에 대한 부담, 관리의 어려움, 미래에 대한 불안 등 더 깊은 고민이 숨어 있다.

이런 진짜 고민을 끌어내기 위해서는 단계적인 질문이 필요하다. 현재의 어려움을 묻고, 앞으로의 계획을 묻고, 이상적인 해결책에 대해 이야기를 나누는 것이다. 이 과정에서 고객은 자신만의 진짜 고민을 자연스럽게 털어놓게 되고, 이런 대화는 단순한 판매를 넘어선 신뢰 관계 구축의 시작점이 된다.

또한 적극적 경청이 동시에 요구된다. 듣는 것은 단순히 귀로만 하는 것이 아니다. 고객의 표정 변화, 목소리 톤의 변화, 몸짓 언어, 감정의 변화와 같은 비언어적 신호를 포착하는 것이 중요하다.

⟨3⟩ 문제 해결 전략: 맞춤형 가치 제안

첫째, 근본 원인을 찾아라. 고객의 표면적인 요구 뒤에 숨은 근본적인 문제를 찾아야 한다는 말이다.

"월 렌탈료가 너무 비싸요."

고객이 이런 말을 하면 어떻게 대응하는가? 보통은 "다른 곳보다 저렴합니다." 또는 "첫 달 무료로 해드리겠습니다."라고 대답하기 쉽다. 하지만 월 렌탈료가 정말 고객이 고민하는 부분의 전부일까?

공기청정기 영업을 할 때였다. 고객이 월 렌탈료가 너무 비싸다고 했을 때, 나는 이렇게 물었다. "어떤 면에서 렌탈료가 부담되시나요?" 그러자 고객은 "당장 거실용 대형 공기청정기를 설치하고 싶은데, 아이 방에도 필요하고 안방에도 필요해서 한꺼번에 세 대를 렌탈하기에는 매달 나가는 비용이 부담된다."고 답했다.

문제의 핵심은 비싼 렌탈료가 아니라 '월 고정 지출 부담'이었다. 나는 즉시 맞춤형 렌탈 프로그램을 제안했다. 거실용은 즉시 설치하고, 다른 방은 3개월 후부터 순차적으로 설치하는 방안이었다. 또한 세 대를 동시에 계약하면 매달 필터 관리비를 면제해주는 혜택도 더했다. 결과는? 세대 모두 계약 성사였다.

이처럼 고객의 표면적인 반응 뒤에는 항상 더 깊은 고민이 있다. 우리가 해야 할 일은 그 진짜 문제를 찾아내는 것이다. 더 나아가, 같은 공기청정기라도 고객별로 전혀 다른 가치를 제공하는 데 영업의 성패가 달려있다. 나의 고객별 전략을 간단히 정리하면 다음과 같다.

병원에는 '매달 전문가의 필터 관리 서비스와 항바이러스 기능'을 강조했다.
어린이집에는 '아이들의 호흡기 건강과 무상 A/S'를 강조했다.
카페에는 '고객 만족도 향상과 월 렌탈료 세금 공제 혜택'을 핵심 가치로 제시했다.

특히 소상공인을 대상으로 할 때는 더욱 세심한 접근이 필요하다. 그분들에게는 성능도 중요하지만, 전기세와 같은 부가 비용이 더 큰 고민일 수 있기 때문이다. '렌탈료에 모든 관리 비용이 포함되어 있고, 전기료는 월 5천 원대로 매우 경제적'이라는 점을 강조했더니, 훨씬 좋은 반응을 얻을 수 있었다.

둘째, 맞춤형 해결책을 제시하라. 결국 중요한 것은 고객이 어떤 가치를 찾고 있는지를 정확히 파악하는 것이다. 고객의 상황과 환경에 맞는 맞춤형 해결책을 제시할 때, 우리는 단순한 영업사원이 아닌 진정한 비즈니스 파트너가 될 수 있다.

우리가 판매하는 것은 단순한 제품이 아닌 '해결책'이다. 고객의 숨은 고민을 정확히 파악하고, 그에 맞는 최적의 솔루션을 제공할 때, 우리는 단순한 영업사원이 아닌 신뢰받는 비즈니스 파트너가 될 수 있다.

03
효과적인 설득 기술: 스스로 결정하게 하라

"이 상품 정말 좋습니다!"

"지금 아니면 이 기회 없습니다!"

이런 말로는 더 이상 고객의 마음을 움직일 수 없는 세상이다. 이 점을 영업을 조금이라도 해 본 사람이라면 충분히 알고 있을 것이다.

설득의 대가 로버트 치알디니 교수는 "진정한 설득은 상대방이 스스로 결정했다고 느끼게 하는 것"이라고 말했다. 그렇다면 왜 기존의 설득 방식은 더 이상 통하지 않는 걸까?

첫째, 정보의 비대칭성이 사라졌다. 과거에는 영업사원이 정보의 유일한 원천이었다. 하지만 지금은 디지털의 발달로 고객이 이미 많은 정보를 가지고 있다.

둘째, 신뢰도가 가장 중요해졌다. 과거에는 제품의 기능과 가격이 핵심이었다. 하지만 지금은 경쟁이 치열해지면서, 서비스 제공자의 신뢰성이 결정적인 요인이 되었다.

이러한 시대의 흐름 속에서 영업인의 역할도 변화해야 했다. 단순한 제품 판매자가 아닌 '가치 제안자'로의 전환이 필요한 것이다. 과거에는 제품의 특징과 장점을 잘 설명하는 것만으로도 충분했지만, 이제 고객들은 그런 정보를 먼저 알고 있다. 영업인들은 고객들이 인터넷에서 찾을 수 없는 것, 즉 실제 사용 경험과 전문가만 알 수 있는 인사이트를 제공해야 한다.

특히 경쟁이 치열한 시장에서는 비슷한 품질과 가격의 제품들이 넘쳐난다. 이런 상황에서 고객이 우리를 선택하게 만드는 결정적인 차이는 바로 '신뢰'다. 단순히 좋은 제품을 파는 것이 아니라, 고객의 성공을 진심으로 고민하고 돕는 파트너가 되어야 한다. 그래서 필요한 게 바로 '현대적 설득의 두 가지 요소'라 할 수 있다.

⟨1⟩ 경청의 기술: 말하기보다 듣기

많은 영업인이 말하기에만 집중한다. 하지만 진정한 설득은 '듣기'에서 시작된다.

"우리 서비스는 이런 장점이 있습니다.", "다른 곳과 비교하면 우리가 더 좋은데요." 이런 말들은 잘못된 접근법이다. 듣기라는 전략을 사용한다면 이렇게 말할 수 있을 것이다. "현재 어떤 어려움을 겪고 계신지 자세히 말씀해 주시겠어요?", "그동안 어떤 방식으로 해결하려고 노력하셨나요?"

이 두 가지 접근법의 차이점이 보이는가? 첫 번째는 일방적인 정보 전달에 불과하다. 하지만 두 번째는 고객과의 진정한 대화를 시작하는 것이다. 고객의 이야기를 먼저 듣는다는 것은 매우 중요한 의미를 갖는다. 이는 단순히 예의를 지키는 것이 아니라, 고객이 겪는 어려움의 본질을 이해하고, 그들이 진정으로 원하는 것이 무엇인지 파악하는 과정이다. 결국 영업의 성패는 우리가 얼마나 말을 잘하느냐가 아니라, 얼마나 잘 듣고 이해하느냐에 달려있다.

〈2〉 가치 전달의 기술: 맞춤형 해결책 제시

단순한 장점 나열이 아닌, 고객 맞춤형 가치를 전달해야 한다.

"희는 20년 전통의 회사입니다.", "A, B, C 모든 기능을 갖추고 있습니다." 이런 것들로는 가치를 정확하게 전달할 수 없다. 이 방식은 우리가 가진 것을 나열하는 제품 중심의 접근법이다. 그러나 고객은 상품의 연혁이나 기능 목록에 큰 관심이 없다. 그들이 진정으로 알고 싶은 것은 '이것이 내 문제를 어떻게 해결해줄 수 있는가?'라는 점이다.

"말씀하신 문제점을 이렇게 해결할 수 있습니다."
"고객님의 상황에서는 이 부분이 특히 도움이 될 것 같습니다."

그러므로 우리는 이와 같은 방식으로 접근해야 한다. 이러한 접근 방식의 차이는 단순히 말투의 차이가 아니다. 이는 완전히 다른 영업 철학으로 봐야 한다. 경청을 통해 파악한 고객의 문제점에 대해, 구체적이고 실질적인 해결책을 제시하는 것. 이것이 바로 진정한 '가치 전달'이다.

예를 들어, 고객이 "직원들의 업무 효율이 걱정이다."라고 말했다면 단순히 제품의 성능을 설명하는 데 그치는 대신, "이 기능을 활용하면 직원들의 업무 시간을 30% 줄일 수 있습니다."처럼 구체적인 해결책을 제시해야 한다. 결국, 성공적인 가치 전달은 '우리가 무엇을 가졌는가'가 아니라, '고객에게 어떤 변화를 만들어줄 수 있는가'에 초점이 맞춰져 있다.

이토록 급변하는 현대사회에서 영업의 성패는 경청과 가치 전달이라는 두 가지 핵심 요소에 달려있다. 더 이상 제품을 파는 데 그치는 게 아니라, 고객의 문제를 해결하고 그들의 성공을 돕는 동반자가 되어야 한다. 이것이 바로 현대 영업의 새로운 패러다임이자, 우리가 나아가야 할 방향이다.

04
업종을 넘나드는 영업 성공의 DNA

영업 분야에서 일 좀 했다는 사람들은 다음과 같이 말하곤 한다.

"보험 영업과 부동산 영업은 완전히 다르죠!"
"정수기 영업이랑 자동차 영업은 비교조차 할 수 없습니다."

정말 그럴까? 내가 10년간 다양한 업종의 영업 현장을 경험하며 깨달은 것이 있다. 모든 성공적인 영업에는 공통된 DNA가 있다는 것이다.

하버드 비즈니스 리뷰의 연구 결과를 보면, 업종과 상관없이 최상위 1% 영업인들의 행동 패턴은 놀랍도록 유사했다. 예를 들어, 보험 영업의 톱 세일즈맨과 자동차 업계의 최고 영업인은 모두 '고객의 잠재적 요구사항 파악'과 '맞춤형 솔루션 제시'라는 동일한 프로세스를 따랐다. 심지어 B2B 영업과 B2C 영업에서도 이러한 공통점이 발견되었다.

맥킨지의 글로벌 영업 성과 분석에서도 비슷한 결과가 나왔다. 업종이나 지역에 상관없이 성공하는 영업인들은 모두 '신뢰 구축'과 '가치 전달'이라는 두 가지 핵심 요소를 공통적으로 가지고 있었다. 내 경험을 살펴봐도 마찬가지였다. 보험 판매, 정수기 영업, 정책자금 컨설팅까지 어떤 영업을 하든 이 요소들은 변함없이 작동했다.

그렇다면 전문가들의 연구와 나의 경험을 토대로 업종별 공통 성공 요소를 하나씩 살펴보자.

- **신뢰감을 주는 첫인상:** 보험 영업에서는 단정한 복장과 밝은 미소가, 부동산 영업에서는 전문가다운 태도가, 자동차 영업에서는 세련된 이미지가 중요하겠지만, 이 모든 것의 핵심은 .신뢰감'이다. 첫인상이 신뢰를 만들고, 그 신뢰는 거래의 시작점이 된다.

- **고객 중심의 관점과 사고:** B2B 영업에서는 비즈니스 가치를, B2C 영업에서는 개인적 혜택을, 서비스 영업에서는 편의성을 강조한다. 표현 방식은 다르지만, 이 모든 것의 근간에는 '고객 중심의 사고'가 있다. 결국 우리가

판매하는 것은 제품이나 서비스가 아닌, 고객이 원하는 '가치'다.

- **체계적인 고객 관리 시스템:** 정기적인 연락, 가치 있는 정보 제공, 피드백 수집과 반영이라는 기본 원칙은 모든 업종에서 동일하게 적용된다. 특히 디지털 시대에는 이러한 체계적인 관리가 더욱 중요해졌다.

- **문제 해결 능력:** 어떤 업종이든 결국 고객의 문제나 고민을 해결해주는 것이 핵심이다. 이는 단순한 제품 판매가 아닌, 고객의 상황을 깊이 이해하고 최적의 솔루션을 제시하는 것을 의미한다.

- **지속적인 학습과 적응력:** 시장은 계속 변화하고, 고객의 요구사항도 진화한다. 성공하는 영업인은 업종에 관계없이 끊임없이 공부하고 새로운 상황에 적응해 나간다.

- **커뮤니케이션 능력:** 경청하고, 공감하고, 명확하게 전달하는 능력은 모든 영업의 기본이다. 상품이나 서비스가 달라도, 결국은 사람과 사람 사이의 소통이 성공을 좌우한다.

- **진정성:** 단기적인 이익보다 장기적인 신뢰 관계를 중시하는 자세는 모든 성

공적인 영업의 공통점이다. 이는 곧 진정성이야말로 가장 강력한 영업 무기임을 의미한다. 고객은 영업인의 진심을 놀라울 정도로 정확하게 알아챈다.

예를 들어, 단순히 매출을 위해 접근하는 영업인과 진심으로 고객의 상황을 이해하고 도움이 되고자 하는 영업인은 똑같은 말을 해도 전혀 다른 반응을 이끌어낸다. 고객이 우리의 진정성을 느낄 때, 비로소 신뢰가 쌓이기 시작하는 것이다.

이러한 요소들은 개별적으로 작동하는 것이 아니라, 하나의 유기적인 시스템으로 작동한다. 신뢰를 바탕으로 고객을 이해하고, 문제를 해결하며, 지속적인 관계를 유지해 나가는 것. 이것이 바로 성공적인 영업의 방법이다.

특히 오늘날처럼 경쟁이 치열한 시장에서는 이러한 진정성 기반의 접근이 더욱 중요해졌다. 어떤 제품이나 서비스도 쉽게 모방될 수 있지만, 진정성 있는 관계는 결코 쉽게 모방할 수 없기 때문이다.

결국 영업의 본질은 '관계'다. 그리고 그 관계의 핵심은 '진정성'에 있다. 단기적인 실적에 연연하지 말고, 고객과의 진정한 신뢰 관계 구축에 집중하는 게 무엇보다 중요하다. 내 경험으로 살펴볼 때, 영업 분야에서 이름을 날렸던 선배들의 성공 사례를 살펴볼 때 결국 업종은 달라도 성공하는 영업의 DNA는 같았다. 진정성을 가지고 고객의 문제를 해결하려 노력할 때, 우리는 어떤 업종에서든 성공할 수 있다.

05
진정한 영업의 완성, CRM 전략

"계약이 끝났으니 이제 다음 고객을 찾아볼까?"

많은 영업인이 계약을 하나 성사시키면 이런 생각을 한다. 나도 영업을 처음 시작했을 때는 그랬다. 계약이 완료되면 바로 다음 고객을 찾아 나섰다. 하지만 이것이 얼마나 큰 실수였는지 깨닫는 데는 그리 오랜 시간이 걸리지 않았다.

CRM_{Customer Relationship Management}은 단순한 의미의 고객 관계 관리를 넘어, '고객과의 관계를 체계적으로 구축하고 발전시켜 나가는 전략적 프로세스'를 뜻한다. 요즘과 같이 경쟁이 치열하고 모든 정보가 오픈된 시대에는, 더욱 체계적이고 깊이 있는 고객 관리가 요구된다.

"신규 고객 획득 비용은 기존 고객 유지비용의 5배"라는 말이 있다. 내 경험으로 봐도 정확히 맞는 말이다. 실제로 내가 정수기 영업을 할 때, 신규 고객 한 명을 확보하기 위해 평균 5번의 방문과 20통의 전화가 필요했다. 하지만 기존 고객의 경우 간단한 문자 한 통으로도 재계약이 이루어지는 경우가 많았다. 게다가 기존 고객은 주변에 평균 2.3명의 신규 고객을 소개해주었다.

그렇다면 어떻게 해야 효과적인 고객 관리가 가능할까? 내가 실제로 활용했던 방법들을 하나씩 살펴보자.

〈1〉 체계적인 고객 데이터베이스 구축

체계적인 고객 데이터베이스 구축은 가장 기본적인 사항이다. 많은 영업인들이 고객의 이름과 연락처만 기록하지만, 이것만으로는 많이 부족하다. 과거에 같은 사무실 팀원이 큰 실수를 한 적이 있다. 실적도 좋고 상담 스킬도 뛰어난 팀원이었는데, 고객 관리에서 치명적인 실수를 저질렀다.

신제품 소식에 연락을 드린 고객의 배우자가 얼마 전 돌아가셨다는 사실을 모르고 상품 소개를 위해 신나게 배우자 얘기를 꺼낸 것이다. 그 고객은 불쾌함을 드러냈고 순식간에 분위기는 어색해지고 말았다. 이처럼 고객의 상황을 진정성 있게 이해하고 관리하는 것은 정말 중요한 일이다. 그러나 절대 쉬운 일이 아니다. 그 수많은 고객의 일거수일투족을 모두 파악하기란 불가능하다. 그래서 CRM이 더욱 절실하게 다가온다.

체계적인 고객 관리를 위해서는 무엇보다 정확하고 상세한 정보 수집이 필요하다. 이는 단순한 데이터 수집이 아닌, 고객을 이해하고 더 나은 서비스를 제공하기 위한 기초가 된다. 내가 고객에 대한 정보를 수집하는 방법은 두 가지가 있다.

첫째, 기본 정보. 이름, 연락처는 물론이고 가능하다면 가족 구성원, 기념일 같은 정보까지 꼼꼼히 알아내 기록을 한다. 또한 내가 중시하는 것은 고객과의 첫 만남에서 나눈 대화 내용이다. 어떤 계기로 제품을 찾게 되었는지, 어떤 고민이 있었는지 등을 상세히 기록해두는 것이다.

둘째, 거래 정보. 단순한 구매 이력을 넘어서 구매 결정의 핵심 이유, 고객이 고민했던 부분, 경쟁 제품과 비교했던 포인트 등을 기록한다. 이런 정보들은 나중에 재계약이나 신규 제품 제안 시 굉장히 중요한 자료가 된다.

〈2〉 고객 등급별 맞춤 관리

이렇게 수집된 정보를 바탕으로 고객을 등급별로 분류한다. 내 경우에는 크게 세 그룹으로 나누었다.

첫 번째는 'VIP 고객'이다. 이분들은 우리 제품을 적극적으로 사용하고, 주변에 추천도 많이 해준다. 나는 이분들께 월 1회 이상 꼭 연락을 드린다. 단순한 안부 전화가 아니라, 새로운 정보나 유용한 팁을 전달해드리고자 노력한다. 예를 들어, 정수기 VIP 고객인 한 식당 사장님께는 월 1회 수질 데이터를 보내드리고, 계절별로 달라지는 물 관리 방법을 안내해드렸다. 그러다 보니 주변 식당 여섯 곳을 소개받을 수 있었다.

두 번째는 '일반 고객'이다. 분기에 1회 정도 연락을 드리면서 불편 사항은 없는지, 추가로 필요한 서비스는 없는지 체크한다. 중요한 것은 모든 연락에 '이유'가 있어야 한다는 것이다. "안녕하세요, 잘 지내시죠?"라는 형식적인 인사보다는, "이번 여름 무더위에 정수기 사용량이 늘어날 것 같아서, 필터 관리 방법을 안내드리려고 연락드렸습니다."처럼 구체적인 목적을 가지고 연락하면 좋다.

세 번째는 '휴면 고객'이다. 계약이 끝났거나 한동안 연락이 없었던 분들이다. 이분들께는 반기에 1회 정도 연락을 드린다. 특별한 프로모션이나 새로운 서비스가 나왔을 때 우선적으로 안내를 드린다. 실제로 내가 경험한 재미있는 사례가 있다. 계약이 만료된 고객에게 꾸준히 새로운 제품 소식과 관리 팁을 보내드렸더니, 어느 날 갑자기 연락이 왔다. 회사를 새로 차리셨는데 정수기 10대가 필요하다는 이야기였다. 꾸준한 고객 관리의 위력이다.

〈3〉 꾸준함과 진정성

이처럼 고객 관리는 '꾸준함'이 핵심이다. 그래서 나는 매일 아침 30분을 고객 관리 시간으로 정해두었다. 오늘 연락드릴 고객 명단을 확인하고, 어떤 내용을 전달할지 준비한다. 특히 금요일에는 1시간 정도 다음 주 계획을 세우고 데이터베이스를 업데이트한다.

마지막으로 강조하고 싶은 것은, 고객 관리는 업무가 아닌 '관계 맺기'라는 점이다. 진정성을 가지고 고객의 입장에서 생각하고 행동할 때,

고객은 그 진심을 알아준다. 세계적인 경영자 피터 드러커는 "비즈니스의 목적은 고객 창출과 유지"라고 했다. 이 말처럼, 고객 관리는 선택이 아닌 필수다. 여러분도 오늘부터 체계적인 고객 관리를 시작해보기 바란다.

06
고객 만족을 넘어 감동으로 – 서비스 마인드

"고객 만족을 넘어 고객 감동으로!"

많은 기업이 이런 슬로건을 내걸고 있다. 하지만 실제로 고객을 감동시키는 기업은 얼마나 될까? 지금껏 영업을 해 오며 내가 찾아낸, 고객에게 진정으로 감동을 전달하는 방법에는 세 가지 요소가 있다.

〈1〉 기대 이상의 가치

단순히 약속을 지키는 것은 그저 영업인 본인의 만족일 뿐이다. 감동은 기대 이상의 것을 제공할 때 생겨난다. 여기서 중요한 것은 '비용 대비 가치'다. 많은 비용을 들여 화려한 서비스를 제공하는 것이 아니라, 작지만 의미 있는 차이를 만드는 것이 중요하다.

예를 들어, 식당에서 음식이 나오는 시간이 평소보다 조금 지연될 것 같을 때, 대부분의 가게는 "죄송합니다. 조금만 더 기다려주세요."라고 한다. 하지만 "10분 정도 더 걸릴 것 같습니다. 죄송하지만 식전 음료를 먼저 준비해드리겠습니다."라고 한다면 고객 입장에선 어떨까? 여기서 음료 하나의 비용은 얼마 되지 않지만, 고객은 불쾌함을 덜고 가게의 세심한 배려에 감동을 받게 된다.

이처럼 기대 이상의 가치는 거창한 것이 아니다. 고객의 입장에서 생각하고 조금 더 신경 쓰는 것만으로도 충분히 감동을 줄 수 있다.

〈2〉 진정성

고객은 형식적인 서비스와 진심 어린 서비스를 정확하게 구분할 수 있다. 매뉴얼에 따라 기계적으로 제공되는 서비스가 아니라, 진정으로 고객을 위하는 마음이 전달될 때 감동이 일어난다.

사람은 본능적으로 억지로 짜내는 말과 진심으로 하는 말을 구분하는 능력이 있다. 하물며 업무로 얽힌 관계는 어떨까? 영업의 기본은 진정성이다. 진정성 있는 태도야말로 영업인의 가장 큰 무기다. 이 책에서 가장 많이 등장하는 단어 중 하나가 '진정성'인 이유를 여러분은 고민해 보아야 한다.

⟨3⟩ 적시성

아무리 좋은 서비스라도 타이밍이 맞지 않으면 의미가 없다. 고객이 가장 필요로 할 때, 가장 적절한 방식으로 제공되어야 한다.

고객이 제품을 처음 사용하기 시작할 때가 가장 불안하고 도움이 필요한 시기다. 이때 상세한 사용 설명서를 보내드리는 작지만 좋은 서비스가 될 수 있다. 하지만 6개월이 지난 후에 같은 설명서를 보내드린다면, 오히려 불필요한 정보로 받아들여질 수 있다.

적시성 있는 서비스를 제공하기 위해서는 고객의 사용주기 파악이 중요하다. 제품 구매 직후, 첫 사용 시점, 정기 점검 시기, 교체나 업그레이드가 필요한 시점 등 각각의 순간에 맞는 적절한 서비스가 있다. 여기서 중요한 것은 '예측'이다. 고객이 요청하기 전에 미리 준비하고 제안하는 것이다. 예를 들어, 여름철이 다가올 때 에어컨 관리법을 안내하거나, 겨울철 난방 시즌 전에 보일러 점검을 제안하는 것처럼 말이다.

결국 시기적절한 서비스는 고객의 입장에서 생각하고, 그들의 니즈를 미리 파악하여 선제적으로 대응하는 것에서 시작된다. 이것이 바로 진정한 고객 감동 서비스의 핵심이라고 할 수 있다.

이 세 가지 요소를 실천하기 위해서는 먼저 고객의 여정을 이해해야 한다. 고객이 우리 제품이나 서비스를 처음 접하는 순간부터 사용을 끝내는 시점까지의 전체 여정을 말이다. 정보를 탐색하는 단계, 구매를 결정하는 단계, 실제로 사용하는 단계, 그리고 재구매나 추천을 고려하는 단계까지. 각 단계별로 고객의 기대치를 정확히 파악하고, 그것을 뛰어넘을 수 있는 지점을 찾아내야 한다.

고객 감동은 결코 어렵지 않다. 고객의 입장에서 진심으로 생각하고, 작은 것 하나하나에 정성을 더할 때, 우리는 자연스럽게 고객의 마음을 움직일 수 있다. 이제 당신의 현장으로 돌아가서, 이 세 가지 요소들을 하나씩 적용해보길 바란다. 작은 변화가 모여 큰 감동이 되고, 그 감동이 모여 당신의 성공으로 되돌아올 것이다.

07
고객의 마음을 사로잡는 '심리적 유혹'

누구나 좋아하는 사람의 마음을 얻기 위해 애써 본 경험이 있을 것이다. 그런데 고객의 마음을 얻는 것도 비슷한 원리로 작동한다는 사실을 알고 있는가?

당신이 가장 좋아하는 카페에 들어갔을 때를 상상해보라. 따뜻한 조명, 은은한 음악, 그리고 갓 구운 빵 냄새가 당신을 반긴다. 바리스타는 당신의 이름을 기억하고 "오늘도 예전처럼 카라멜 마끼아또로 해드릴까요?"라고 묻는다. 그 순간 당신은 이미 그 카페의 충성 고객이 되어 있다. 이것이 바로 심리적 유혹의 마법이다. 단순히 제품이나 서비스를 파는 것이 아니라, 감정을 팔고 경험을 전달하는 것이다.

영업은 마치 멋진 연극과 같다. 무대는 당신의 비즈니스고, 주인공은 고객이다. 그리고 당신은 그 연극의 감독이자 조연이다. 고객이 자연스럽게 이야기에 빠져들고, 그들 스스로가 이 이야기의 일부가 되고 싶게 만드는 게 핵심이다.

〈1〉 선착순의 원칙: '마지막'이라는 마법

구매 결정을 유도하는 첫 번째 심리적 트리거는 선착순의 원칙이다. 사람들은 흔히 '언젠가 사야지.'라고 생각하며 결정을 미룬다. 그래서 판매자의 입장에서는 지금 그 결정을 행동으로 옮길 이유를 만들어주는 것이 중요하다.

내가 정수기 영업을 할 때 '특별 할인!'이라고 하면 고객들이 별로 관심을 보이지 않았다. 평소 너무 자주 듣는 말이 아닌가. 고민 끝에 "이 모델이 인기가 너무 좋아서 단종을 앞두고 있어요. 마침 마지막 물량이 10대 정도 남았는데, 저희 지점에 배정된 물량은 이걸로 끝이라고 하더라고요."라고 식으로 방식을 바꾸었더니 훨씬 고객들의 호응이 좋았다. 보험도 마찬가지다. "다음 달부터는 건강검진이 의무화되어서 까다로워진대요. 지금이 아니면 이 조건으로는 가입이 어려울 것 같아요." 이 또한 궁정적 결과를 가져왔다.

이런 접근이 효과적인 이유는 세 가지로 볼 수 있다.

- **구체적이다.** 특별 할인이 아닌 '마지막 10대'처럼 명확한 숫자를 제시한다.
- **자연스럽다.** 밀어붙이기식이 아닌 '정보 공유'의 느낌을 준다.
- **신뢰를 준다.** 고객들은 이미 수많은 광고에 노출되어 있다. '선착순'이라는 구체적인 정보는 그들이 가진 정보 불신에 대응하는 효과적인 방법이다.

⟨2⟩ 사회적 증거의 원칙: '다수의 선택'이 주는 확신

구매 결정을 유도하는 두 번째 심리적 트리거는 사회적 증거의 원칙이다. 사람들은 자신의 선택이 옳다는 확신이 필요하다. 그리고 그 확신은 주변 사람들의 선택을 통해 얻게 된다. 우리는 이걸 '사회적 증거'라고 부른다. 당신도 물건을 구매할 때 별점과 후기를 보고 사지 않는가?

영업도 마찬가지다. 고객들에게는 확신이 필요하다. 내가 정수기 영업을 할 때 "저희 정수기는 성능이 좋습니다."라고 하면 고객들은 그냥 듣고 넘겼다. 하지만 이렇게 말하면 달랐다.

"이 아파트 전체 200세대 중에서 140세대가 저희 정수기를 쓰고 계세요. 특히 아기 키우시는 분들이 미세플라스틱 걱정 없이 물 먹이신다고 엄청 만족하시더라고요."

보험이나 컨설팅도 마찬가지다. "저희 보험이 가성비가 좋습니다."가 아니라, "이번에 교육청에 계신 선생님들 사이에서 입소문이 났더라고요. 방학 때 해외여행 가시는 분들이 많으셔서, 여행자보험 특약이랑 의료실비 보장이 마음에 드신다고…."

이런 접근이 효과적인 이유 역시 세 가지다.

- **구체적이다.** 많은 분들이 아닌 '140세대'처럼 정확한 숫자를 제시한다.
- **현실적이다.** 같은 아파트, 옆집처럼 가까운 사례를 든다.
- **공감을 준다.** 다른 고객들의 실제 사용 경험과 만족도를 전달하므로 고객이 자신의 상황에 대입하기 쉽다.

다시금 강조하지만 영업 성공의 핵심은 신뢰성이다. "이게 좋아요."라고 직접 말하는 것보다, 주변 사람들의 선택을 간접적으로 보여주면 더욱 쉽게 신뢰를 얻을 수 있다. 이러한 접근법을 효과적으로 활용하려면 어떤 능력이 필요할까? 바로 고객이 필요로 하는 것을 꿰뚫고, 신뢰를 쌓을 수 있는 후기 분석이다. 고객이 '내가 지금 이 제품을 선택해야 하는 이유'를 논리적으로 전달하려면, 그들이 중요하게 생각하는 가치를 깊이 이해해야 하기 때문이다.

PART 4

차이를 만드는 프로의 기술: 협상과 전략

01
고객 맞춤형 데이터 분석의 모든 것

내가 10년간 전국 영업 1위를 유지할 수 있었던 핵심 비결은 앞서도 다뤘던 '고객 맞춤형 제안'이다. 이를 하나로 정리함과 동시에 내 경험을 바탕으로 세 가지 측면에서 자세히 설명하고자 한다.

〈1〉 고객 성향 파악의 기술

내가 처음 영업을 시작했을 때, 수많은 거절과 실패를 겪으면서 깨달은 것이 있다. 바로 '모든 고객은 다르다'는 것이다. 현장에서 만나는 고객들의 성향은 크게 네 가지로 구분된다.

- **분석형 고객**: 데이터와 수치를 중시하며 논리적인 설명을 선호한다. 제품의 스펙이나 성능 데이터, 비용 대비 효율성 등을 상세히 설명하는 것이 효

과적이다.

- **주도형 고객:** 시간을 매우 중요하게 생각하며 빠른 의사결정을 선호한다. 핵심 내용만 듣기를 원하므로, 제품의 주요 장점 몇 가지만 간단명료하게 전달하는 것이 좋다. 불필요한 설명은 오히려 역효과를 낸다.

- **우호형 고객:** 사람과의 관계를 중시하고 편안한 대화를 선호한다. 제품 설명보다 신뢰 관계 형성이 먼저다. 일상적인 대화로 시작해 자연스럽게 제품 설명으로 넘어가는 것이 효과적이다.

- **신중형 고객:** 의사결정에 시간이 걸리고 많은 정보를 필요로 한다. 안정성을 매우 중시하므로, 제품에 대한 상세한 정보는 물론 각종 인증이나 보증 내용, 다른 고객들의 사용 후기 등을 충분히 제공해야 한다. 서두르지 않고 차분히 설명하는 것이 중요하다.

이러한 특성들을 먼저 파악한다면, 영업 현장에서 고객을 만났을 때 단 몇 마디로도 성향을 파악해 접근법을 설정할 수 있다.

정수기 영업 시절의 일이다. 나 역시 처음에는 모든 고객에게 동일한 방식으로 접근했는데, 특히 기억에 남는 실패 사례가 있다. 한 고객에게 한 시간 넘게 정수기의 장점을 열심히 설명했는데, 나중에 알고 보니 그분은 주도형 고객이었다. 5분 만에 핵심만 간략하게 전달했다면 오히려 계약이 성사되었을 수도 있었다. 이러한 실패 경험이 오히려 나에게는 귀중한 교훈이 되었다. 그 후로는 고객의 성향을 먼저 파악하는 데 집중했고, 각 유형에 맞는 맞춤형 전략을 세웠다. 분석형 고객에게는 정수기의 기술적 스펙과 비용 절감 효과를 상세히 설명했고, 주도형 고객에게는 핵심 장점 세 가지만 간단히 전달했다. 결과는 성공적이었다.

⟨2⟩ 고객 데이터 분석의 중요성

두 번째는 고객 데이터 분석의 중요성이다. 단순히 상품을 파는 것이 아니라, 고객의 요구사항을 정확히 파악하고 맞춤형 솔루션을 제공하는 것이 중요했다.

보험 영업을 할 때 실제로 겪었던 일이다. 처음에는 단순히 상품 설명만 하다 보니 계약률이 너무 저조했다. 그러다 우연히 한 고객의 가족사를 자세히 듣게 되었는데, 그분의 아버님이 큰 수술을 하시면서 보험의 도움을 받았다는 이야기였다. 그때 깨달았다. 고객의 실제 경험과 니즈,

그 관계를 파악하는 것이 얼마나 중요한지를.

그 후로 나는 모든 고객의 정보를 꼼꼼히 기록하기 시작했다. 단순히 나이, 직업 같은 기본적인 정보뿐만 아니라, 가족 구성원의 건강 상태, 과거 병력, 미래의 걱정거리까지 세세하게 기록했다. 이런 데이터를 분석하다 보니 재미있는 패턴이 보이기 시작했다.

- 30대 초반의 신혼부부들은 대부분 실비보험과 함께 태아보험에 관심이 많았다.
- 40대 중반의 직장인들은 종신보험보다 암보험이나 CI보험을 선호했다.
- 50대 이상의 고객들은 연금보험과 함께 요양보험에 대한 생각이 컸다.

이러한 데이터 분석을 통해 나는 미팅 전에 고객에게 어떤 상품을 제안할지 어느 정도 윤곽을 잡을 수 있었다. 더 나아가 비슷한 상황의 다른 고객 사례를 공유하면서 신뢰도 쌓을 수 있었다.

한 40대 여성 고객의 사례가 떠오른다. 평소 건강했지만 가족력으로 암 병력이 있다는 것을 기록해두고 관련 보험을 권유했는데, 2년 뒤 실제로 초기 암 진단을 받으셨을 때 보험금을 신속하게 받으실 수 있었다. 그

후로 이 고객이 주변에 나를 적극적으로 소개해 주면서 자연스럽게 소개 영업으로 이어졌다.

이처럼 고객 데이터 분석은 단순한 기록 이상의 가치가 있다. 이는 곧 고객의 인생을 이해하고, 그들의 필요를 미리 예측하여 적절한 솔루션을 제시할 수 있게 해주는 강력한 도구가 된다. 효과적인 고객 데이터 분석을 위한 세 가지 핵심 포인트는 다음과 같다.

- **구매 이력 분석**: 고객의 과거 구매 패턴을 파악하고, 선호하는 제품이나 서비스의 특성을 확인하며, 구매 주기와 선호하는 금액대를 체크하라.

- **고객 접점 기록 관리**: 모든 상담 내용을 상세히 기록하고, 불만 사항과 요구 사항을 꼼꼼히 정리하며, 특이 사항을 반드시 메모하라.

- **개인화된 제안서 작성**: 고객별 맞춤 솔루션을 제시하고, 고객의 핵심 니즈에 초점을 맞추며, 구체적인 혜택을 명확하게 제시하라.

이 원칙은 영업 분야라면 상품 종류에 상관없이 어디에나 적용된다.

02
상호 이익 창출을 위한 전략 – 가격이 아닌 가치를 협상하라

협상이란 게 참 재미있다. 많은 사람이 단순히 '가격 흥정'이라고 생각하는데, 결코 그렇지 않다.

내가 실제로 경험한 재미있는 사례가 하나 있다. 백화점에서 80만 원짜리 고급 정장을 살 때였다. 다른 매장에서는 65만 원에 판매하고 있었다. 보통이라면 "다른 데는 65만 원이에요. 깎아주세요."라고 말했을 것이다. 하지만 나는 달랐다. 정장을 입어보면서 자연스럽게 대화를 나눴다. 30분 정도 매니저의 시간을 투자받으며 이런저런 스타일도 추천받고, 코디법도 배웠다.

그러고는 "다른 매장도 좀 보고 올게요."라고 말하고 나갔다가, 20분 뒤에 다시 돌아갔다. 매니저는 이미 나에게 많은 시간과 노력을 투자한 상태였다. 그 순간 이렇게 말했다. "매니저님이 추천해주신 스타일이 너무 마음에 드네요. 여기서 구매하고 싶은데, 프리미엄 고객 혜택으로 20% 할인은 안 될까요? 앞으로도 자주 찾아뵐게요."

결과는 성공적이었다. 매니저는 본사 할인 행사를 적용해 64만 원에 정장을 판매해주셨고, 거기에 셔츠까지 서비스로 하나 주셨다. 이것이 바로 내가 오늘 말할 '상호 이익 창출을 위한 전략'의 시작이다. 단순히 가격을 깎는 게 아니라, 상대방이 나에게 투자한 시간과 노력의 가치를 인정하고 활용하는 것이다.

그렇다면 판매를 하는 입장에서는 어떠한 식으로 협상을 해 나가는 게 좋을까? 협상의 본질은 '고객의 숨은 니즈를 찾는 것'이다. 많은 영업인들에게 이런 경험이 있을 것이다. 고객이 "다른 브랜드는 월 3만 원인데 여기는 왜 이렇게 비싸요?"라고 고객이 물어보면, 대부분 본능적으로 "아, 그럼 저희도 3만 원에 해드릴게요."라고 답한 경험 말이다. 하지만 이건 협상이 아니다. 그저 고객이 하자는 대로 가격을 깎아주었을 뿐이다.

피터 드러커는 "고객은 자신이 무엇을 원하는지 잘 모르기 때문에, 기업은 고객을 아주 잘 알고 이해함으로써 제품이나 서비스가 저절로 팔리도록 해야 한다."라고 했다. 정말 맞는 말이다. 우리가 해야 할 일은 고객이 진정으로 원하는 것이 무엇인지 찾아내 상품이 저절로 팔리게 하는 것이다.

내가 정수기 영업을 하던 시절, 한 어린이집을 방문했을 때의 일이다. 그곳은 아이들의 학습 공간과 활동 공간이 나뉜, 아주 넓은 3층짜리 어린이집이었다. 원장 선생님은 처음부터 단호했다. "우리는 이미 다른 업체 정수기 쓰고 있어요. 월 7만 원인데, 6만 원도 안 되면 이야기할 필요도 없어요."

보통이라면 우리 제품 중 가장 저렴한 상품을 찾아 "5만 5천 원에 해드릴게요!"라고 했겠지만, 나는 대답을 아끼고 어린이집을 둘러보며 물 사용 패턴을 살펴봤다. 급식 준비하는 주방, 아이들 양치 장소 등 층별로 용도가 뚜렷하게 나뉘어져 있어 도합 4대가 필요해 보였는데, 2대만 있어서 아이들이 줄을 서서 기다리는 일이 잦은 것 같았다.

그래서 이렇게 제안했다. "원장님, 월 9만 원에 정수기 4대를 설치해 드리면 어떠실까요? 한 대당 2만 원대면 현재 사용하시는 것보다 훨씬 저렴하시죠. 게다가 아이들이 물 마시려고 기다릴 필요도 없고, 선생님들의 수업 진행에도 방해가 없을 것 같은데요." 원장님의 표정이 변했다. "그렇네요. 사실 아이들이 물 마시려고 줄 서는 게 늘 마음에 걸렸어요. 근데 정수기를 더 설치하면 비용이 너무 부담될 것 같아서…."

바로 그때, 내가 결정적인 제안을 했다. "말씀을 들으니 더 좋은 제안을 하나 해드리고 싶네요. 6개월 선납하시면 월 9만 원에 4대를 설치해드리는 것은 물론, 거기에 각 정수기마다 아이들 키 높이에 맞는 전용 디스펜서도 무상으로 설치해드릴게요."

결과는 어땠을까? 원장님은 그 자리에서 계약서에 사인했다. 오히려 처음 생각했던 것보다 높은 금액에 계약이 성사된 것이다. 하지만 중요한 건, 원장님도 더 만족스러워하셨다는 점이다. 6개월 후, 더 놀라운 일이 있었다. 그 어린이집을 다녀간 학부모들이 우리 정수기를 보고 연락을 주기 시작했다. "어린이집에서 본 정수기인데, 우리 집에도 설치하고 싶어요."라는 문의가 이어졌다. 한 번 잘 이뤄놓은 협상이 기대 이상의 성과를 불러온 것이다.

내가 이 협상에서 중요하게 다루었던 것은 가격이 아니다. 그 어린이집의 가치를 더욱 높이는 방안을 제시한 것이다. 어린이집의 주인인 아이들이 더 편안하고 아늑한 생활을 하고, 이를 바탕으로 그 어린이집의 가치를 높이는 법을 협상 방안으로 제시한 것이다. 협상의 핵심은 가격이 아닌, 바로 '가치'에 있다.

지금껏 수많은 협상을 몸소 체험하고 성공시켜 오며 내가 깨달은 '성공적인 협상을 위한 핵심 기술'들은 다음의 다섯 가지로 정리할 수 있다.

- **상황 분석의 기술:** 고객의 현재 상황을 정확히 파악하는 것이 가장 중요하다. 단순히 표면적인 요구 사항이 아니라, 그 이면에 있는 진짜 핵심을 발견해야 한다. 때로는 고객도 미처 인식하지 못한 문제점을 우리가 먼저 발견할 수 있어야 한다.

- **가치 제안의 기술:** 단순한 제품 판매가 아닌, 솔루션을 제안해야 한다. 고객의 문제를 해결할 수 있는 종합적인 방안을 제시하라. 제품의 스펙이나 기능보다는, 그것이 가져올 변화와 혜택에 초점을 맞추어야 한다.

- **맞춤형 프로그램 설계의 기술:** 모든 고객에게 동일한 제안을 하는 것은 협상이 아니다. 고객의 상황과 조건에 맞는 맞춤형 프로그램을 설계하고 사용 환경, 예산, 선호도 등을 고려한 최적의 솔루션을 제안할 수 있어야 한다.

- **선택권 제공의 기술:** 한 가지 옵션만 제시하면 고객은 'Yes' 또는 'No'로만 대답할 수 있다. 하지만 여러 가지 옵션을 제시하면 고객은 그중에서 선택을 하게 된다. 이때 중요한 것은 모든 옵션이 우리에게도 이익이 되는 방안이어야 한다는 것이다.

- **경청과 인내의 기술:** 협상은 결코 서두르면 안 된다. 고객이 충분히 이해하고 납득할 때까지 기다려야 한다. 말하기보다 듣기가 더 중요하다. 고객의 말 한마디 한마디에 숨은 의미를 파악해야 한다.

협상의 진정한 목표는 이기는 것이 아니다. 고객도 만족하고 우리도 성장하는, 함께 윈윈하는 것이 진정한 협상의 목표다. 내가 항상 마음에 새기는 말이 있다. "고객의 성공이 곧 나의 성공이다." 영업은 단순한 판매가 아닌, 고객의 삶과 비즈니스를 더 나은 방향으로 이끄는 과정임을 잊지 말아야 한다.

03
춤을 추듯 부드럽게
주도권을 쥐는 법

많은 사람이 우위를 점하는 것을 단순히 이기는 것이라고 생각한다. 사실, 과거의 나 역시 그랬다. 하지만 이제는 관점이 많이 바뀌었다.

"협상은 전쟁이 아니라 춤이다."

이 문장은 현재 내 협상 철학을 가장 잘 설명해 주는 표현이다. 전쟁처럼 누군가를 무너뜨리는 것이 아니라, 춤처럼 상대와 호흡을 맞추며 함께 움직이는 조화의 과정이라는 의미다. 내가 10년간 영업 현장에서 깨달은, 협상에서 우위를 점하는 네 가지 핵심 원칙을 한 가지씩 살펴보자.

⟨1⟩ 골든타임의 법칙: 결정적인 순간을 침묵으로 장악하라

어떠한 것이 되었든 목적을 달성하기 위해서는 '타이밍'이 중요하다. 협상도 마찬가지다. 처음부터 서두르지 말고, 고객의 요구 사항을 충분히 파악하는 시간을 가져야 한다. 때로는 한 발 물러나 고객이 생각할 시간을 주는 것이 더 유리할 수 있다.

내가 10년 동안 영업 1등을 하면서 깨달은 가장 중요한 비밀이 있다. 바로 '기회는 반드시 한 번은 온다'는 것이다. 협상에서 우위를 확실히 점할 수 있는 그 순간, 나는 이를 '골든타임'이라고 부른다. 보통 이 순간은 고객이 "이건 좀 괜찮은데…."라는 반응을 보일 때다. 이 타이밍을 놓치지 않는 것이 중요하다. 고객이 가장 긍정적인 반응을 보일 때, 그때가 바로 클로징의 순간이다. 이때 우리가 해야 할 일은 단 하나, 바로 '침묵'이다. 내가 판매한 게 아니라 고객이 스스로 결정했다고 느끼게 해주는 것이다. 협상 테이블에서 침묵은 강력한 무기가 될 수 있다. 상대방의 제안을 들은 후 바로 대답하지 않고 잠시 침묵하는 것만으로도, 우리는 주도권을 잡을 수 있다.

〈2〉 주도권 확보의 원칙: 정보가 힘이다

많은 사람이 착각하는 것이 있다. 주도권이 가격을 제시하는 쪽에 있다고 생각하는데 전혀 아니다. 주도권은 '정보'를 가진 쪽에 있다.

한번은 대형 오피스 빌딩과 정수기 계약을 진행한 적이 있다. 보통이라면 "최저가로 해드리겠습니다."라는 식으로 접근했겠지만 나를 다르게 접근했다. 먼저 빌딩 내의 모든 정수기 위치를 확인했다. 사용량이 많은 곳과 적은 곳을 파악하고 각 층의 직원 수, 피크 타임대의 사용 패턴까지 분석했다. 그렇게 수집한 정보를 바탕으로 이렇게 제안했다.

"현재 귀사의 정수기 운영비용이 연간 얼마인지 아십니까? 전기세, 관리비, 필터 교체 비용을 모두 합하면 예상보다 훨씬 큰 금액일 텐데요. 제가 분석한 자료를 보여드려도 될까요?"

이렇게 정보를 가지고 대화를 시작하니, 가격 협상이 아닌 '솔루션 제안'으로 방향이 바뀌었고 자연스레 주도권은 나에게로 넘어왔다.

⟨3⟩ 유연성의 원칙: 외줄타기 협상을 피하라

협상에서 가장 위험한 것은 하나의 카드만 들고 있는 것이다. 나는 이것을 '외줄타기 협상'이라고 부른다. 스티븐 코비가 했던 말이 있다. "항상 제3의 대안을 찾아라." 협상은 마치 체스와 같다. 다음 수를 미리 생각하고 여러 가지 시나리오를 준비해야 한다. 단 하나의 전략만 가지고 있다면, 그것이 통하지 않을 때 우리는 막다른 길에 서게 된다.

유연한 협상을 위해서는 다양한 옵션의 준비가 필요하다. 가격, 계약 기간, 서비스 내용, 결제 조건 등 협상할 수 있는 모든 요소들을 미리 파악해두고, 상황별 시나리오를 구성해두는 것도 도움이 된다. 고객의 유형에 따라 어떤 반응을 보일지 예측하고, 각각의 상황에 맞는 대응 방안 또한 준비해야 한다.

이것이 바로 협상에 필요한 유연성이다. 단순히 가격을 올리고 내리는 것이 아니라, 다양한 카드를 바탕으로 상황에 따라 유연하게 대응하며 최적의 해결책을 찾아가야만 한다.

⟨4⟩ 심리적 주도권의 법칙: 우리가 고객을 선택하게 하라

내가 10년간 영업을 하면서 발견한, 가장 강력한 협상 전략이 있다. 바로 '고객이 우리를 선택한 게 아니라, 우리가 고객을 선택했다고 느끼게 만드는 것'이다. 많은 사람들이 협상에서 "제발 계약해주세요."라는 식의 자세로 임한다. 하지만 진정한 고수는 다르다. "우리 제품이 고객님께 도움이 될 수 있을지 면밀히 검토해보겠습니다."라는 자세로 접근한다.

이것은 단순한 말장난이 아니다. "희소성이 가치를 만든다."라는 말이 있다. 우리 제품이나 서비스를 소유하고 사용하려면 특별한 기준과 자격이 필요한 것처럼 보이게 만드는 것이다. 예를 들어 "이 상품은 일정 수준 이상의 신용 점수를 보유한 고객님들께만 제공됩니다." 또는 "설치 공간과 사용 환경을 검토한 후 계약 가능 여부를 결정하겠습니다."라는 식이다.

상황이 이렇게 되면 고객은 오히려 '내가 이 제품을 가져도 될까?'라고 생각하게 된다. 협상의 주도권은 당연히 영업자의 몫이 된다. 이것이 바로 협상의 최종 승리를 결정짓는 마지막 열쇠다. 고객이 우리를 선택하는 것처럼 보이게 만드는 것. 그것이 진정한 협상의 고수가 되는 길이다.

04
갈등 상황을 극복하는 협상 스킬

협상을 하다 보면 당연하게 갈등 상황이 발생한다. 잠깐으로 끝나면 모르겠는데 이 갈등이 깊어지면 보통 두 가지 중 하나를 선택한다. 도망치거나, 정면으로 승부하거나. 하지만 이 둘 모두 정답이 아니다. 도망치면 그동안 쌓아온 모든 것이 물거품이 되고, 정면 승부를 하면 자칫 감정의 골만 더 깊어질 수 있다.

특히 영업 현장에서는 갈등이 매일같이 발생한다. "경쟁사가 더 싸요.", "지금 쓰는 제품에 만족해요.", "다음에 연락드릴게요." 이렇게 냉담한 대답 뒤에는 항상 갈등이 숨어있다.

나 역시 지겨우리만큼 저런 말들을 들어왔고, 10년 동안 영업 1등을 하면서 깨달은 바는 '갈등은 피하는 게 아니라 관리하는 것이고, 이겨내는 게 아니라 녹여내는 것'이라는 사실이다. 내가 여러분에게 제시하는 갈등 해결의 실전 기술들은 다음과 같다.

〈1〉 전략적 침묵: 고객의 말을 먼저 들어라

화난 고객 앞에서 할 수 있는 최고의 무기가 뭔지 아는가? 바로 '입 다물기'다. "아니, 그게 아니라…." 하면서 말을 자르면 게임은 끝이다. 고객이 말할 때는 절대, 절대! 끼어들지 마라. 고객의 말을 다 들은 후에는 이렇게 시작하라. "지금까지 말씀하신 내용을 정리해보면…." 그리고 하나씩 짚어가면서 해결책을 제시한다면 감정에 휘둘리던 고객도 반 박자 누그러지기 마련이다. 이게 바로 '전략적 침묵'이다.

〈2〉 감정 분리: 냉철한 머리와 따뜻한 가슴

고객이 화가 났다고 당신도 같이 화내면 게임 끝이다. 냉정해져라. 차가운 머리, 따뜻한 가슴, 이게 핵심이다.

한번은 이런 적이 있었다. 어떤 고객이 설치 당일에 갑자기 설치기사가 5분가량 늦었다고 소리를 지르며 계약을 취소하겠다며 전화를 해 왔다. 내가 말할 기회도 주지 않고 30분 동안 고래고래 소리를 지르는데, 솔직히 나도 인간인지라 화가 났다. 하지만 그 순간 나는 깊게 심호흡을 하고 다음과 같이 말했다.

"고객님, 지금 많이 화가 나셨다는 걸 충분히 이해합니다. 저라도 그럴 것 같네요. 죄송합니다. 이제 이 상황을 어떻게 해결할 수 있을지 차분히 이야기 나눠보면 좋겠습니다."

거듭 나의 사과가 이어지자 고객의 목소리에서 서서히 힘이 빠졌다. 결국에는 먼저 웃으면서 "제가 너무 과했나요?"라고 되물은 고객은 정상적으로 대화를 이어나가기 시작했다. 결과적으로 그는 나의 오랜 고객이 되었다. 영업인이라는 절대 화를 내서는 안 된다. 무조건 한 발 물러서서 감정을 다스리는 것, 이것이 진정한 영업인의 자세다.

〈3〉 문제 해결 전략: 감정을 중화시키고 해결에 집중하라

좀 더 구체적으로 갈등 해소 방안을 찾자면 다음의 두 가지로 요약할 수 있다.

첫 번째, '감정 읽기'다.

영업인에게는 고객의 말투, 표정, 자세 이 모든 게 힌트다. 팔짱을 끼고 있는가? 아직 마음의 문이 닫혀있다는 뜻이다. 정면 승부할 생각은 버려라. 대신 "커피 한잔 하시면서 천천히 이야기 나눠보면 어떨까요?"라고 말해보라. 자세가 자연스럽게 풀어질 것이다.

다리를 자주 떠는가? 불안해한다는 신호다. 불안감을 해소시켜줘야 한다. "걱정하시는 부분에 대해 먼저 말씀해 주시겠어요?"라고 의중을 물어보라. 상대방의 불안 요소부터 하나씩 해결해 나가는 게 방법이다.

말할 때 고개를 살짝 돌리는가? 신뢰가 부족하다는 뜻이다. 이럴 땐 먼저 제품 설명부터 하지 마라. 대신 "혹시 제가 응대하기 전에 안 좋은 경험이 있으셨나요?"라고 고객의 경험을 살펴보아야 한다. 부정적인 경험을 풀어내는 데 해결의 실마리가 있다.

이런 신호들을 놓치지 않아야 유능한 영업인이 될 수 있다.

두 번째, '감정의 중화와 문제 해결'이다.
화난 고객에게 똑같이 화를 내다가 파국으로 치달은 경험, 누구나 있을 것이다. 이병철 회장님이 이런 말을 했다. "감정이 앞서면 판단이 흐려진다." 영업 현장에서 이보다 더 중요한 말이 있을까?

화난 고객에게는 앞서 내가 했던 것처럼 이렇게 대응하라. "고객님의 불편함을 충분히 이해합니다. 그런데 이렇게 생각해보시면 어떨까요?"

하지만 여기서 끝이 아니다. 이제부터가 진짜 시작이다. 표면적인 불만에 집중하지 마라. 예를 들어, "서비스가 마음에 안 든다."고 하면, 대부분 "어떤 부분이 불편하셨나요?"라고 묻는다. 하지만 진짜 고수는 다르게 묻는다. "고객님께서 기대하셨던 서비스의 모습은 어떤 것이었나요?"

차이가 보이는가? 전자는 '문제'에 집중한 질문이고, 후자는 '해결'에 집중한 질문이다. 누구의 잘못인지 따지는 순간, 이미 협상은 실패다. 중요한 점은 어떻게 해결할 것인가이다.

마지막으로 가장 중요한 것, '약속은 반드시 지켜라'다.
해결책을 제시했다면 반드시 실천해야 한다. 차라리 처음부터 무턱대고 약속부터 하지 마라. 지키지 못할 약속은 신뢰를 깨는 가장 빠른 방법이다.

우리가 지금까지 살펴본 갈등 관리 기술은 저자세나 무조건적인 양보가 아니다. 진정한 갈등 관리를 위해서는 오히려 더 강력한 자신감이 요구된다. 이를 위한 냉철한 판단력, 단호한 태도, 그리고 확실한 해결책, 이 세 가지가 해결책의 기본이 되어야 한다.

예를 들어 고객이 무리한 요구를 할 때는 "죄송하지만 그 부분은 어렵습니다. 대신 이런 방법은 어떠실까요?" 단호하게 거절하지만 대안과 함께 말하는 게 최선의 방안이다. 특히 원칙을 벗어나는 요구에는 더욱 단호해야 한다.

"고객님, 그렇게 하면 나중에 더 큰 문제가 생길 수 있습니다. 제가 책임질 수 있는 선에서 최선을 다해 도와드리겠습니다."

이것이 바로 진정한 프로의 자세다. 고객을 섬기되 결코 굽신거리지 않는 것, 배려하되 결코 원칙을 벗어나지 않는 것, 이것이 바로 영업의 품격이다.

05
영업과 마케팅:
축구 경기 속 감독과 선수

영업과 마케팅의 차이를 아는가? 많은 사람이 이 둘을 혼동하지만, 각각의 역할은 분명히 다르다.

마케팅은 고객의 요구를 파악하고, 제품이나 서비스를 기획하며, 브랜드 이미지를 구축하는 등 전반적인 시장 활동을 말한다. 반면 영업은 실제로 고객을 만나 제품이나 서비스를 판매하는 직접적인 활동을 의미한다.

축구 경기로 비유해 보자. 마케팅은 '어떤 선수들을 영입할까?', '어떤 전술을 쓸까?', '관중들의 취향은 어떨까?' 등 팀의 전반적인 전략과 방향성을 결정하는 감독의 역할이다. 영업은 실제 경기장에서 골을 넣고 승리를 만들어내는 선수의 역할이다. 이처럼 마케팅과 영업은 서로 다른 역할을 하지만, 성공적인 결과를 위해서는 둘 다 없어서는 안 될 중요한 요소다.

이 차이를 이해하는 것이 중요한 이유는 두 영역이 서로 보완하며 시너지를 낼 수 있기 때문이다. 예를 들어, 마케팅 팀에서 시장 조사를 통해 얻은 고객 인사이트는 영업 담당자들이 실제 고객을 만날 때 매우 유용한 정보가 된다. 반대로, 영업 담당자들이 현장에서 직접 만난 고객들의 피드백은 마케팅 전략을 수립하는 데 귀중한 자료가 된다.

흔히 마케팅은 돈을 쓰는 부서, 영업은 돈을 버는 부서라고 한다. 하지만 이는 마케팅의 맥락을 잘못 이해한 것이다. 성공적인 회사들은 마케팅과 영업의 긴밀한 협업을 통해 최고의 성과를 만들어낸다. 마케팅은 단순히 돈을 쓰는 것이 아니라, 고객의 마음을 움직이고 구매 의욕을 높이는 중요한 투자이기 때문이다.

글로벌 기업들은 이미 마케팅과 영업의 경계를 허물고 통합된 접근 전략을 사용하고 있다. 마케팅과 영업은 마치 자동차의 엔진과 바퀴와 같다. 마케팅이라는 엔진이 힘을 만들어내고, 영업이라는 바퀴가 그 힘을 움직임으로 전환한다. 둘 중 하나라도 제대로 작동하지 않으면 자동차는 움직일 수 없다.

성공적인 영업을 원한다면, 마케팅과 영업 간의 시너지를 이해하고 적극적으로 활용해야 한다. 이를 위한 구체적인 상호보완 전략을 살펴보자.

- **데이터 기반의 맞춤형 접근:** 마케팅을 통해 수집한 고객 데이터를 영업에 활용한다. 고객의 행동 패턴, 구매 이력, 선호도 등을 분석하여 맞춤형 접근 전략을 수립해야 한다. 예를 들어, 정수기 영업을 한다면, 고객의 가족 구성, 수질에 대한 우려, 건강 관심도 등을 분석하여 정확한 타깃팅이 가능하다. 영유아 가정에는 "안전하고 깨끗한 물"이라는 메시지로, 건강에 민감한 중장년층에게는 "건강을 위한 순수한 물"로 접근하는 식이다.

- **고객 인지 부하 최소화:** 현대 소비자들은 정보의 홍수 속에서 살아간다. 고객의 관심을 단 1초라도 잡기 위해서는 핵심을 명확하고 간결하게 전달해야 한다. 복잡한 설명, 지나치게 긴 내레이션, 돌려 말하는 방식은 고객의 관심을 떨어뜨린다. 예를 들어, 스마트폰을 영업할 때 "16GB 메모리, 고성능 프로세서" 같은 기술적이고 복잡한 스펙보다는 "당신의 일상을 더욱 쉽고 편리하게 만드는 혁신" 같은 메시지가 고객의 마음을 움직인다.

- **콘텐츠 마케팅 활용:** 고객들은 즉각적이고 명확한 가치를 원한다. 온라인 플랫폼에서는 수질 진단 도구, 제품 비교 계산기 등을 통해 고객과의 첫 접점을 만들면 좋다. 이러한 도구들은 단순한 광고 수단을 넘어 실질적인 정보 제공 콘텐츠가 된다. 또한 실제 고객 후기, 전문가 인증, 객관적인 성능 데이터도 신뢰라는 마케팅을 할 수 있는 중요한 요소다.

결론적으로, 마케팅과 영업의 상호보완은 데이터 기반의 전략적 접근이 핵심이다. 마케팅으로 수집한 데이터를 영업으로 전달하고, 영업을 통해 얻은 피드백들을 마케팅 전략의 핵심으로 활용해야 한다. 이처럼 마케팅과 영업이 협력하여 성장할 때, 우리는 영업력을 더 키울 수 있다.

06
시장 분석과 타깃팅 전략: 빙산의 대부분은 물에 잠겨 있다

〈타이타닉〉 영화를 본 적 있는가? 거대한 빙산의 일각만 보고 항해하다가 결국 침몰한 그 배 말이다. 오늘날 많은 기업들이 바로 이 타이타닉호처럼 시장의 겉모습만 보고 사업을 진행하다가 실패하곤 한다. 영업의 세계도 마찬가지다. 단순히 '물건을 판다'는 생각으로는 성공할 수 없다. 시장 깊은 곳에 숨어있는 고객의 니즈를 발견하고, 그것을 충족시킬 수 있는 방안을 마련해야 한다.

2000년대 초반, 한 유명 화장품 회사가 중년 여성을 타깃으로 고가의 한방 화장품을 출시했다가 실패한 사례가 있다. 겉으로 보기에는 충분히 시장성이 있어 보였다. 하지만 그들은 당시 중년 여성들의 소비 패턴이 실용적인 방향으로 변화하고 있었다는 점, 한방 화장품에 대한 신뢰도가 낮아지고 있었다는 점을 놓쳤다. 빙산의 90%를 보지 못한 것이다.

반면 성공적인 사례도 있다. 스타벅스는 단순히 커피를 파는 것이 아니라, 25~45세 직장인들에게 '일상 속 작은 사치'를 판매했다. 그들은 주 고객층의 라이프스타일과 시대에 따른 유행을 깊이 이해하고, 고객이 원하는 경험의 환경을 제공했다.

그렇다면 또 하나의 친숙한 브랜드인 배달의민족은 어떨까? 배달의민족은 시간대별로 다른 고객층을 타깃팅했다. 점심시간에는 바쁜 직장인 1인 가구를, 저녁시간에는 가족 단위 주문 고객을, 심야에는 젊은 층의 야식 수요를 공략했다. 이처럼 같은 배달 서비스이지만 시간대와 고객층에 따라 다른 전략을 구사했기에 업계 최고가 될 수 있었다.

영업은 결국 시장이라는 바다를 항해하는 것과 같다. 우리는 수면 위로 보이는 것뿐만 아니라, 수면 아래에 숨겨진 고객의 니즈와 시장의 흐름을 정확히 파악해야 한다. 그래야만 안전하고 성공적인 항해가 가능하다. 그렇다면 어떻게 해야만 지금 우리 상품을 앞다퉈 구매해 줄, 주요 고객층이 가장 원하는 바를 빠르게 캐치할 수 있을까? 여기에는 고도의 시장 분석과 목표 시장 선정이 필요하다.

시장 분석에는 여러 가지 방법이 있다. 인구통계학적 분석, 행동양식 분석, 심리적 분석 등이 그것이다. 이는 마치 지도를 그리는 것과 같다. 큰 대륙을 더 작은 나라들로 나누고, 또 그 나라들을 지역으로 나누는 것처럼 말이다.

목표 시장을 선정하는 것은 마치 연애와 비슷하다. 모든 사람과 사귈 수 없듯이, 모든 시장을 공략할 수는 없다. 우리 회사의 강점과 가장 잘 맞는 시장을 찾아야 한다. 테슬라가 초기에 고가의 전기 스포츠카 시장을 선택한 것도 이러한 전략적 선택이었다.

테슬라는 먼저 로드스터라는 고가의 전기 스포츠카를 출시했다. 이는 단순한 결정이 아닌 치밀한 전략이었다. 첫째, 고가 시장은 상대적으로 경쟁이 덜했다. 둘째, 높은 마진을 통해 기술 개발에 필요한 자금을 확보할 수 있었다. 셋째, 최고급 시장에서의 성공은 브랜드 가치를 높이는 데 결정적인 역할을 했다.

더 중요한 것은 그 이후의 단계적 시장 접근법이다. 고가의 로드스터를 시작으로, 프리미엄 세단인 모델 S를 거쳐, 중형 세단인 모델 3까지 점차 대중 시장으로 영역을 확장해 나갔다. 이는 산 정상에서 시작해서 천천히 아래로 내려오는 전략이었다. 가장 자신을 돋보이게 하는 정상에서 쌓은 브랜드 가치와 기술력을 바탕으로, 더 넓은 시장을 손쉽게 공략할 수 있었다.

이러한 테슬라의 사례는 우리에게 중요한 교훈을 준다. 시장 진입 전략은 단순히 큰 시장을 노리는 것이 아니라, 우리의 강점을 최대한 살릴 수 있는 틈새시장부터 시작하여 점진적으로 확장해 나가는 것이 효과적일 수 있다는 점이다. 마치 다트를 던질 때 과녁의 중심을 정확히 맞추고 난 후, 점차 범위를 넓혀가는 것처럼 말이다.

경쟁사 분석 또한 잊지 말아야 할 사안이다. 바둑이나 장기처럼 상대방의 다음 수를 예측하고, 그에 맞는 전략을 준비해야 한다. 쿠팡과 마켓컬리의 경쟁을 보면 이를 잘 알 수 있다. 쿠팡은 로켓배송과 압도적인 물류 인프라로, 마켓컬리는 새벽배송과 프리미엄 신선식품으로 각자의 차별화 포인트를 만들어냈다.

이렇듯 성공적인 영업을 위해서는 다양한 방식을 통해 시장이라는 빙산의 전체 모습을 꿰뚫어 보는 안목이 필요하다. 수면 위 눈으로 보이는 매출과 점유율뿐만 아니라, 수면 아래 고객 니즈와 시장 트렌드를 정확히 파악해야 한다.

07
전략적 가격 협상과 수익성 관리

혹시 카페에서 4,500원짜리 아메리카노를 주문하면서 '이건 원가가 얼마일까?', '왜 이 가격일까?' 생각해 본 적 있는가? 이런 가격의 비밀을 파헤치고, 실제 협상 현장에서 어떻게 가격과 수익성의 균형을 맞추는지 살펴보아야 유능한 영업인이 될 수 있다.

가격은 단순한 숫자가 아니다. 그 안에는 브랜드 가치, 고객 심리, 시장 상황 등 수많은 요소가 담겨 있다. 재미있는 사례를 하나 들려주겠다. 한 IT 솔루션 회사가 10억 원대의 대형 프로젝트 입찰에서, 경쟁사보다 단 100원 낮은 가격을 제시했다. 얼핏 보면 터무니없는 전략 같지만, 이 작은 차이가 가져온 효과는 놀라웠다. "우리는 귀사의 예산을 100원 단위까지 꼼꼼하게 분석했습니다."라는 메시지를 전달했고, 결과적으로 계약을 따내는 데 한몫을 했다.

가격 협상에서는 이처럼 아주 작은 차이가 큰 결과를 만들어내기도 한다. 그렇다면 어떻게 해야 효과적인 가격 협상을 할 수 있을까? 먼저 협상 전 준비가 중요하다. 고객의 예산 범위를 파악하고, 우리가 수용할 수 있는 최저 가격을 미리 설정해야 한다. 또한 협상이 결렬됐을 때의 대안도 준비해야 한다.

또 다른 흥미로운 사례를 보겠다. 스타벅스의 사이즈별 가격 전략이다. 톨 사이즈와 그란데 사이즈의 가격 차이는 500원, 그란데와 벤티의 차이도 500원이다. 원가 차이는 이보다 훨씬 작지만, 이런 일관된 가격 차이는 고객들에게 '합리적 선택'이라는 인상을 준다.

이러한 전략적 가격 설정은 우리가 하게 될 실전 영업에서도 중요한 역할을 한다. 일반 정수기와 얼음 정수기의 가격 차이를 아는 사람들이 많을 것이다. 보통은 렌탈비가 만 원 내외의 차이가 난다. 왜일까? 실제 원가 차이는 이보다 더 크거나 작겠지만, 이 일정한 가격 차이는 고객들에게 '업그레이드의 가치'를 명확하게 전달한다. 이러한 가격 전략이 생겨난 이유들은 다음과 같다.

첫째, 고객이 제품을 선택할 때 명확한 기준을 제시하기 때문이다.

"월 10,000원을 더 내면 얼음 기능을 추가로 사용할 수 있다."는 단순한 메시지는 고객의 의사 결정을 쉽게 만든다.

둘째, 영업인이 제품에 대해 설명할 때도 훨씬 수월해진다. "일반 정수기 대비 월 10,000원 추가"라는 명확한 가격 차이는 복잡한 설명 없이도 가치를 전달할 수 있다.

셋째, 시즌별 프로모션을 기획하기도 용이하다. 예를 들어 여름철에는 '얼음 정수기 업그레이드 비용 3개월 면제'와 같은 프로모션을 진행할 수 있다.

이 전략은 실제 현장에서도 효과적으로 작용한다. 예를 들어, 신혼부부를 대상으로 한 영업에서는 "지금은 일반 정수기로 시작하시고, 아이가 생기실 때 월 10,000원만 추가하면 얼음 정수기로 쉽게 바꾸실 수 있습니다."라는 제안이 가능해진다. 또한 사무실 영업에서는 "직원이 10명 이하일 때는 일반 정수기를 사용하시다가, 직원이 늘어나면 월 10,000원만 추가해서 얼음 정수기로 업그레이드하실 수 있습니다."라는 방식으로 접근할 수 있다.

이처럼 단순하면서도 명확한 가격 차이는 고객의 선택을 돕고, 영업인의 설명을 용이하게 하며, 장기적으로는 자연스러운 업그레이드 수요도 창출할 수 있다. 또한 가격 전략은 단순한 숫자의 문제가 아니라, 고객과의 소통과 가치 전달의 문제임을 항상 명심해야 한다.

가격 협상의 핵심은 결국 '가치'에 있다. 단순히 숫자를 낮추는 것이 아니라, 우리 제품이나 서비스가 가진 진정한 가치를 고객에게 전달하는 것이 영업 성공의 가능성을 크게 높인다. 이를 위해서는 감정이 아닌 데이터로 설득하고, 고객의 요구에 맞는 가치를 제안해야 한다. 대표적인 예가 할인 전략이다.

할인 정책을 수립할 때는 전략적인 접근이 필요하다. 단순히 가격을 깎는 것이 아니라, 시기별, 물량별, 고객군별로 차별화된 할인 정책을 만들어야 한다. 예를 들어, 계절성이 있는 제품이라면 비수기에는 더 높은 할인율을 제공하고, 성수기에는 정상가를 받는 방식으로 운영할 수 있다. 또한 대량 구매 고객에게는 물량에 따른 단계별 할인을 제공하여 구매량을 늘리도록 유도할 수 있다.

이러한 전략적 할인 정책은 영업 현장에서 다양하게 활용될 수 있다.

예를 들어, 신규 영업인이 처음 영업 지역을 개척할 때는 첫 3개월간 특별 프로모션을 진행할 수 있다. 이를 통해 초기 고객층을 확보하고, 이들을 통한 입소문 효과를 노릴 수 있다. 또한 기존 고객 관리에도 차별화된 할인 정책이 효과적이다. 3년 이상 장기 고객에게는 추가 제품 구매 시 특별 할인을 제공하거나, 지인 추천 시 양쪽 모두에게 할인 혜택을 주는 방식이다. 이는 단순한 가격 할인을 넘어 고객 충성도를 높이는 전략이 된다.

기업 대상 영업에서는 더욱 세분화된 접근이 가능하다. 연간 계약 고객에게는 월 단위 계약 대비 15% 할인, 그룹사 전체 계약 시 지점별 추가 5% 할인, 신규 지점 오픈 시 첫 3개월 특별 프로모션 같은 것으로 말이다. 단기적으로만 보는 영업의 시대는 끝났다. 이제 영업인이라면 고객과 함께 장기적인 목표를 수립해야 한다. 또한 마진 관리도 빼놓을 수 없다. 할인만 해서는 우리에게 이득이 전혀 남지 않을 테니깐 말이다. 마진을 관리할 때는 세 가지 핵심 요소를 고려해야 한다.

첫째, 직접비 관리다. 원재료비, 인건비 등 직접적으로 발생하는 비용을 철저히 관리해야 한다.

둘째, 간접비 배분이다. 관리비, 마케팅비 등 간접비용을 각 제품이나 서비스에 적절히 배분해야 한다.

셋째, 목표 마진율 설정이다. 제품별, 고객별로 적정 마진율을 설정하고 이를 달성하기 위해 노력해야 한다.

이처럼 가격과 마진, 그리고 할인 정책까지 모든 것을 전략적으로 접근해야 한다. 그리고 단순히 숫자를 맞추는 것이 아니라, 회사와 고객 모두에게 가치를 제공하는 것이 진정한 영업의 묘미임을 늘 염두에 두고 모든 일을 진행해야 한다.

08
디지털 시대의 영업 전략

혹시 인스타그램에서 본 맛집을 방문해 본 적 있는가? 아니면 유튜브 영상을 보고 어떤 제품을 구매한 경험이 있는가? 한 번쯤은 다들 SNS에서 본 여행지나 맛집을 찾아가 본 경험이 있을 것이다.

제주도의 한 작은 카페 사장님의 이야기다. 외진 곳에 있어 매출이 신통치 않아 고민하던 사장님은 인스타그램에 매일 아침 카페 창문으로 보이는 바다 사진을 올리기 시작했다. 특별한 홍보 문구도, 화려한 편집도 없었다. 그저 매일 같은 장소에서 각각 다른 날씨에, 다른 표정을 보여주는 바다 사진들이었다. 3개월 뒤, 이 카페는 제주도에서 꼭 가봐야 할 카페 중 하나가 되었다. 관광객들이 "그 바다가 보이는 카페"를 찾아 줄을 서기 시작했기 때문이다. 이처럼 디지털 시대의 영업은 완전히 새로운 패러다임을 제시한다. 더 이상 발로 뛰는 것만이 영업이 아니다.

손끝으로 하는 영업, 콘텐츠로 하는 영업, 공감으로 하는 영업이 새로운 트렌드가 되었다.

〈1〉 온라인 영업 채널 활용법

온라인 영업 채널은 이제 선택이 아닌 필수가 되었다. 네이버 스마트 스토어, 카카오톡 채널, 인스타그램 비즈니스 계정 등 다양한 플랫폼들이 우리의 새로운 영업 무대다. 무엇보다 각 채널의 특성을 이해하고 효과적으로 활용하는 게 중요하다.

예를 들어, 인스타그램은 비주얼이 중심이 되는 플랫폼이다. 제품의 기능보다는 사용자가 추구하는 라이프스타일을 보여주는 게 효과적이다. 반면 유튜브는 상세한 정보 전달이 가능한 플랫폼으로, 제품의 사용법이나 장점을 자세히 설명하기에 적합하다.

소셜미디어를 통한 고객 확보도 전략적 접근이 필요하다. 단순히 제품을 홍보하는 것이 아니라, 고객과 소통하고 공감대를 형성해야 한다. 해시태그 전략, 인플루언서 협업, 실시간 라이브 방송 등 다양한 도구들을 활용할 수 있다. 특히 주목할 점은 디지털 영업에서는 '진정성'이 가장 큰 무기가 된다는 것이다. 화려한 광고보다 진솔한 후기가, 전문적인 설명보다 실제 사용자의 경험담이 더 큰 설득력을 가진다.

〈2〉 나만의 디지털 영업 전략

나 또한 법인 영업 강의와 회사를 운영을 하는 입장으로, 당연히 온라인 영업을 하고 있다. 현재 나는 유튜브, 인스타그램, 블로그 등 다양한 채널을 활용하고 있는데, 각 채널의 특성에 맞춘 전략이 중요하다.

- 유튜브에서는 영업 노하우와 성공 사례를 깊이 있게 다룬다. 일반 영상으로는 체계적인 영업 교육 콘텐츠를, 숏츠로는 핵심 팁이나 짧은 인사이트를 전달한다.

- 인스타그램에서는 릴스를 통해 더 캐주얼하고 친근한 모습으로 다가간다. 특히 현장에서 있었던 재미있는 에피소드나 순간의 영감을 공유하는 데 효과적이다.

- 블로그는 더 전문적인 내용을 다루는 플랫폼으로 활용한다. 법인 영업의 심층적인 노하우나 실제 성공 사례들을 자세히 풀어낸다.

중요한 것은 이 모든 활동이 단순한 홍보가 아닌, 가치 있는 정보와 인사이트를 공유하는 것에 초점을 맞추고 있다는 점이다. 이를 통해 잠재 고객들과의 신뢰를 쌓고, 자연스럽게 비즈니스 기회로 연결되는 선순환을 만들어간다.

얼마 전 재미있는 경험을 하나 했다. 내 유튜브 채널을 보고 한 사장님이 상담을 받고 싶다고 연락을 주셨다. 통화를 하면서 이야기를 나누다 보니, 목소리가 왠지 귀에 익었다. 알고 보니 고등학교 때 친하게 지냈던 선배님이었다. 서로 웃으면서 "세상이 참 좁다."고 이야기했다. 이런 경험을 통해 우리는 소셜미디어가 가진 엄청난 잠재력을 확인할 수 있다. 그렇다면 실제로 소셜미디어를 통해 어떻게 고객을 확보할 수 있을까?

- '나'라는 브랜드의 일관된 스토리를 만들어라. 각각의 채널이 전부 다르더라도 누군가에게 친근하게 다가가고, 도움이 되는 정보를 준다는 본질은 변하지 않는다.

- 각 플랫폼의 특성을 활용하라. 유튜브에는 5~10분 내외의 심도 있는 콘텐츠를, 유튜브 숏츠나 인스타그램 릴스에는 1분 이내의 핵심 팁을 업로드한

다. 블로그는 자세한 사례 분석이나 노하우가 담긴 글을 발행한다.

- 꾸준함은 필수다. 매주 쉬지 않고 콘텐츠를 발행하고, 인터넷에서 활발하게 활동한다. 당신과 만나는 이 책이라는 공간도 나에게는 아주 중요하고, 소중하다.

- 진정성 있는 소통이 핵심이다. 댓글에는 반드시 답변을 달고, 시청자들의 피드백을 콘텐츠에 반영한다. 이렇게 쌓인 신뢰가 실제 비즈니스 기회로 이어지는 경우가 많다.

- 성과 측정과 개선을 반복하라. 어떤 콘텐츠가 반응이 좋은지, 어떤 시간대에 업로드하는 것이 효과적인지 등을 꾸준히 분석해서 영업에 사용할 수 있다.

이제는 나만의 브랜드를 만들어야 하는 시대다. 휴대폰 영업을 하는 분들, 정수기나 가전제품을 영업하는 분들, 우리 모두가 온오프라인을 아우르는 '브랜드'가 되어야 한다. 지금 당장 완벽하지 않아도 괜찮다. 스마트폰으로 찍은 사진 한 장, 짧은 동영상 하나로도 시작할 수 있다. 중요한 건 시작하는 용기다.

09
비대면 영업의 성공 전략: 3분 안에 100억 계약 따는 법

3분 안에 100억 벌기. 가능한 일일까? 이는 내 고객의 실제 사례다. 편의를 위해 '스타트업 영업왕'이라고 부르겠다. 그는 2023년 단 3분짜리 온라인 프레젠테이션으로 대기업과의 100억 계약을 따냈다. 비결은 무엇이었을까?

비대면 영업은 이제 선택이 아닌 필수가 되었다. 하지만 수많은 사람들이 여전히 어려움을 겪고 있다. "화면으로는 고객의 반응을 알 수 없다.", "진정성을 전달하기 어렵다.", "제안서가 매력적으로 보이지 않는다." 등의 고민들을 자주 듣는다.

스타트업 영업왕의 비결은 바로 '집중'이었다. 3분 안에 고객이 꼭 알아야 할 핵심 가치만을 집중적으로 전달했다. 자칫 지루해질 수 있는 복잡한 기능 설명 대신, 고객사가 얻을 수 있는 실질적인 혜택 세 가지만 명확하게 제시했다. 그리고 그 모든 내용을 고객의 입장에서 재구성했다.

〈스타트업 영업왕의 3분 프레젠테이션〉

· **첫 30초:** 그는 충격적인 데이터 하나를 제시했다. "귀사는 현재 업무 프로세스의 비효율로 인해 연간 300억의 기회비용을 낭비하고 있습니다." 치밀한 시장 조사와 고객사 분석을 통해 도출한 실제 숫자였다.

· **다음 1분:** 그는 자사 솔루션으로 이 문제를 해결한 3개 기업의 사례를 초스피드로 보여주었다. 각 사례 당 20초씩, 도입 전과 후의 극명한 차이만을 간단한 그래프로 보여주었다. 복잡한 설명 없이, 숫자가 모든 것을 말해주게 했다.

· **마지막 1분 30초:** 고객사가 얻게 될 세 가지 핵심 가치를 제시했다.

- 프로세스 자동화를 통한 인건비 70% 절감

- 실시간 데이터 분석으로 의사결정 시간 90% 단축
- 시스템 통합으로 인한 업무 효율성 200% 향상

· 마무리: "3분이라는 짧은 시간 동안 설명 드렸습니다. 왜냐하면 우리 솔루션의 장점도 바로 이것이기 때문입니다. 복잡한 것을 단순하게, 어려운 것을 쉽게 만드는 것. 지금 이 미팅처럼 말이죠."

이 명쾌한 3분은 100억 계약 달성의 주요한 발판이 되었다. 특히 그가 이 3분 동안 단 한 번도 자사 제품의 기술적 우수성을 언급하지 않았다는 것에 주목할 만하다. 그는 오직 고객이 얻을 수 있는 실질적인 혜택만을 이야기했다. 정말 대단하지 않은가? 진정한 비대면 영업의 성공은 이처럼 고객의 시간과 관심을 아끼면서도, 핵심 가치를 정확하게 전달하는 것이다.

〈성공적인 비대면 영업을 위한 핵심 전략〉

비대면 영업에서 가장 중요한 것은 '명확성'이다. 대면 영업에서는 애매한 부분을 즉석에서 보완할 수 있지만, 비대면에서는 그럴 기회가 적다. 그래서 처음부터 끝까지 모든 메시지가 명확해야 한다.

온라인 제안서도 마찬가지다. 화려한 디자인보다는 한눈에 들어오는 구성이 중요하다. 예를 들어, 제안서 첫 페이지에는 반드시 고객이 얻을 수 있는 핵심 가치 하나만 담아야 한다. 나머지 상세 내용은 그 다음에 차근차근 설명하면 된다.

또 하나 중요한 것은 '소통의 리듬'이다. 비대면이라고 해서 일방적으로 설명하면 안 된다. 3~5분 단위로 고객의 반응을 확인하고, 중간중간 질문을 던지면서 상호작용을 만들어가야 한다. 실제로 한 보험사 영업팀장은 이런 전략으로 비대면 영업 실적을 대면 영업의 2배까지 끌어올렸다. 화상 미팅 시작 전에 간단한 사전 질문지를 보내고, 미팅 중에는 고객의 답변을 자연스럽게 인용하면서 신뢰를 쌓았다.

이처럼 비대면 영업은 새로운 기회가 될 수 있다. 이동 시간이 줄어들어 더 많은 고객을 만날 수 있고, 지역의 한계도 없앨 수 있다. 중요한 것은 이 새로운 환경에 맞는 전략과 스킬을 갖추는 것이다.

〈온라인 제안서 작성의 황금 법칙〉

비대면 영업의 핵심 무기인 '온라인 제안서' 작성법 역시 영업인이라면 필수적으로 숙지해야 한다. 정수기 영업에서부터 지금 운영하고 있는 법인 영업 회사까지 다양한 영업을 해오며 쌓은 온라인 제안서의 황금 법칙을 여기에 공유한다. 바로 '3-5-7'이다.

3초 안에 핵심 가치를 전달하고
5장 이내로 주요 내용을 담고
7분 안에 모든 내용을 설명할 수 있어야 한다.

첫 페이지가 가장 중요하다. 복잡한 회사 소개나 기술 설명은 과감히 제외하라. 대신 '고객이 얻을 수 있는 핵심 가치 하나'를 대담하게 보여주어야 한다. 예를 들어 "귀사의 매출을 30% 향상시키는 솔루션"과 같이 명확한 메시지를 전달하라.

이미지는 반드시 목적이 있어야 한다. 단순히 빈 공간을 채우기 위한 이미지는 오히려 집중도를 떨어뜨린다. 하나의 이미지를 사용하더라도 고객의 문제 상황이나 해결책을 명확하게 보여줄 수 있어야 한다.

온라인 제안서의 글자 크기는 최소 14포인트 이상이어야 좋다. 화상 회의 중 화면 공유 시 작은 글씨는 잘 보이지 않기 때문이다. 중요한 내용은 24포인트 이상으로 강조하면 좋다. 또한 색상은 3가지로 제한하라. 너무 많은 색상은 산만해 보일 수 있다. 회사의 브랜드 컬러 1개, 강조색 1개, 기본 텍스트 컬러 1개면 충분하다.

마지막으로 가장 중요한 팁이다. 고객사의 로고나 이미지를 적절히 활용하는 방안이다. 귀사만을 위해 특별히 준비한 제안서라는 인상을 줄 수 있다. 예를 들어 "A기업 맞춤형 솔루션"이라는 제목에 고객사 로고를 넣는 것만으로도 깊은 인상을 줄 수 있다.

이러한 원칙들을 지키면서도, 각 페이지 마지막에는 '다음 페이지가 궁금해지는' 구성을 만들어 넣는 것이 핵심 포인트다. 마치 스토리텔링처럼, 호기심을 자극하면서 자연스럽게 다음 내용으로 이어지도록 만들어야 한다.

디지털 시대를 살아가면서, 여전히 아날로그 마인드로 영업을 다닌다면 이는 영업인으로서 직무유기에 해당한다. 나이, 학벌, 환경 그 무엇도 변명거리가 되지 않는다. 서두를 필요는 없다. 지금 내가 할 수 있는, 가장 작은 것부터 시작하면 충분하다. SNS에 올릴, 나의 장점을 가장 잘 드러내는 사진 한 장 정도 말이다.

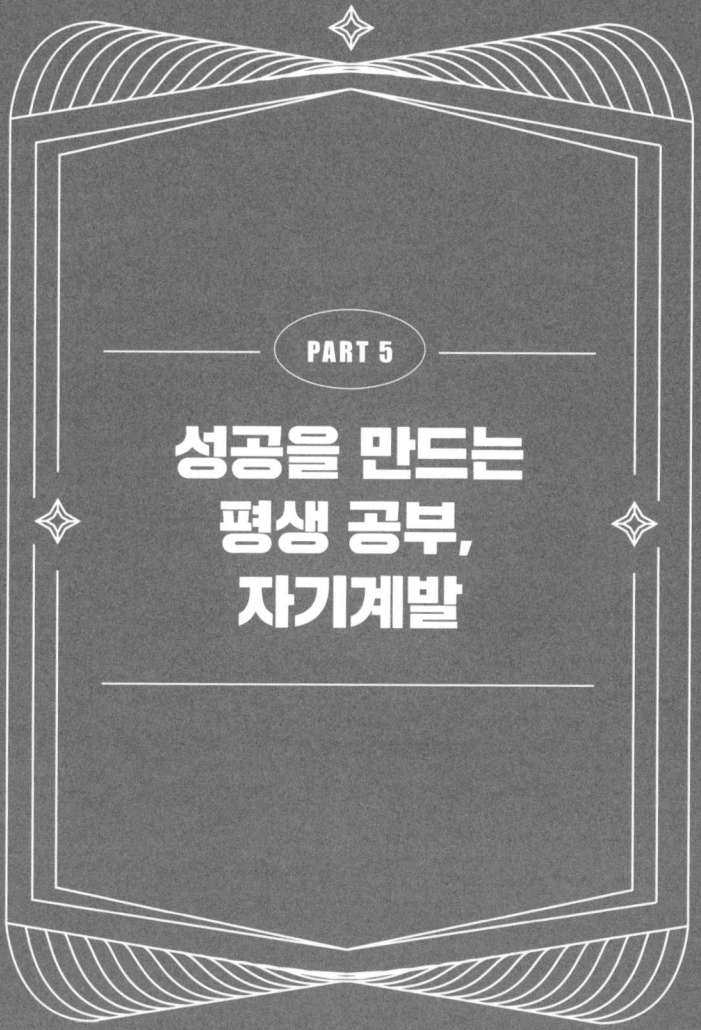

01
부자들의 성공 습관 컨닝하기

한순간의 실수로 1억짜리 자동차를 구매한 고객의 사례로 이야기를 시작해 보자. 한 중소기업 대표가 있었다. 영업부장의 추천으로 고급 외제차를 구매했는데, 알고 보니 그 차는 대표의 라이프스타일과 전혀 맞지 않았다. 대표는 주로 시내 근거리 운전이 많았는데, 구매한 차는 고속도로를 달리는 맛이 일품인 외제차였다. 게다가 경유차여서 짧은 거리만 다니거나 차를 자주 세워두다 보니 엔진 관련 문제도 자주 발생했다.

결국 6개월 만에 큰 손해를 보고 차를 팔았다. 왜 이런 실수가 발생했을까? 바로 '진짜 부자'의 소비 패턴을 제대로 이해하지 못했기 때문이다. 진정 부자라 불리는 이들은 차를 고를 때 철저하게 분석한다. 연간 주행 거리가 얼마나 되는지, 주로 어디서 운전하는지, 어떤 목적으로 사용하는지 등을 꼼꼼히 따져본다. 이처럼 아무리 돈이 많아도 단순히 가격이나 브랜드가 아닌, 실제 사용 목적과 가치에 맞춰 선택한다. 그것이 진정한 의미의 '가치 있는 소비'임을 부자들은 더 잘 알고 있다.

그렇다면 진짜 부자들의 성공 습관을 어떻게 영업에 어떻게 활용할 수 있을까?

〈1〉 진짜 부자의 소비 패턴

순 자산 7억 정도를 모은 한 사업가의 사례다. 그는 주변에서 "이제 성공했으니 고급 수입차도 타고, 명품도 써야지."라는 이야기를 많이 들었다. 고민 끝에 결국 무리해서 9천만 원짜리 외제차를 사고, 월세 300만 원짜리 오피스텔로 이사를 한다. 하지만 2년 만에 사업은 어려움을 겪기 시작했다. 왜일까? 바로 '진짜 부자'의 소비 패턴을 겉으로만 따라 했기 때문이다. 실제 자산 100억 이상의 부자들은 오히려 더 검소한 생활을 한다. 그들은 겉으로 보이는 사치가 아닌, 자산을 불릴 수 있는 곳에 투자한다.

진짜 부자들의 특징은 '보이지 않는 곳'에 투자한다는 것이다. 직원 교육, 시스템 개선, 기술 개발과 같이 겉으로는 보이지 않지만 실질적인 가치를 만들어내는 곳에 돈을 쓴다. 반면 허세성 소비는 철저히 배제한다. 이런 차이를 이해하지 못한 채 무작정 '부자의 삶'을 따라 하다가 오히려 무너지는 경우가 많다. 진정한 부자의 습관을 배우되, 겉모습이 아닌 그들의 사고방식과 가치 판단 기준을 배워야 한다. 다음은 내가 정리한 부자들의 성공 습관들이다.

- **'시간'에 투자하라**: 매일 출퇴근 운전 시간을 관심 있는 분야의 오디오북을 듣는 시간으로 활용해라. 하루 2시간의 출퇴근 시간이면 한 달에 40시간, 1년이면 480시간이다. 이 시간 동안 다양한 분야의 지식을 쌓을 수 있다.

- **'경험'에 투자하라**: 명품 가방 대신 새로운 기술을 배우는 강의를 듣거나, 외국어를 공부하는 데 돈을 써라. 이런 경험은 시간이 지날수록 더 큰 가치를 만들어낸다.

- **'관계'에 투자하라**: 고급 골프장에서 허세성 골프를 치는 대신, 업계 선배들과의 진솔한 식사 자리를 가져라. 이러한 인맥이 나중에 더 큰 기회를 만들어줄 수 있다.

- **'건강'에 투자하라**: 비싼 옷을 사는 대신 좋은 운동 기구나 트레이너를 고용

해라. 건강은 모든 것의 기본이 된다.

- **'지식'에 투자하라:** 최신 스마트폰을 살 돈이면 전문 서적 수십 권을 살 수 있다. 이런 지식은 미래의 자산이 된다.

이처럼 진정한 가치 투자는 당장 겉으로 드러나지 않지만, 시간이 지날수록 눈에 보이는 성과 면에서 큰 차이를 만든다. 이것이 바로 부자들이 부자로 오래도록 살아가는 비결이다.

<2> 나만의 롤모델 찾기

부자를 꿈꾸는 사람들이 롤모델을 찾을 때 흔히 하는 실수가 있다. 바로 너무 멀리, 너무 높이 있는 부자를 찾는다는 것이다. 예를 들어 일론 머스크나 워런 버핏 같은 슈퍼리치를 롤모델로 삼는 경우가 흔하다.

하지만 진정한 롤모델은 우리 주변에 있다. 내가 아는 동네 가구점 사장님의 사례를 보자. 7년 동안 같은 자리에서 가게를 운영하셨는데, 꾸준히 매출이 오르며 몇 년 전부터는 지역에서 가장 큰 가구 공장을 운영하게 되었다. 비결이 뭘까? 그분은 매일 아침 일찍 나와서 가게 주변을

청소하고, 저녁에는 그날 있었던 일들을 꼼꼼히 기록한다고 했다. 또 1주에 한 번씩은 가구 트렌드를 보기 위해 백화점과 인테리어 숍을 방문한다고 했다. 지금 한국에서 작은 가구점을 운영하는 사람들이 일론 머스크를 롤모델로 삼는다 해서 바로 효과를 볼 수 있을까? 이처럼 롤모델은 우리가 현실적으로 배움을 얻을 수 있는 사람이어야 한다. 현실 속 롤모델을 찾는 몇 가지 팁이 있다.

- **나보다 두세 단계 위에 있는 사람을 찾아라.** 너무 멀리 있는 사람보다는 실현 가능한 목표가 될 수 있는 사람, 내 분야에서 5-10년 정도 앞서 있는 선배가 좋은 롤모델이 될 수 있다.

- **한 사람의 모든 것을 배우려 하지 마라.** 대신 여러 사람의 장점을 조합하라. A씨에게서는 뛰어난 고객 관리 방식을, B씨에게서는 철저한 시간 관리 습관을, C씨에게서는 건강한 자기 관리 노하우를 배워 당신만의 스타일을 만들어라.

- **직접 만나서 배워라.** 책이나 영상으로만 배우는 것은 한계가 있다. 가능하다면 멘토링을 요청하거나, 함께 일할 수 있는 기회를 만들어 보라. 직접적인 소통을 통해 얻는 깨달음은 그 어떤 간접 경험보다 값지다.

- **그들의 실패에서도 배워라.** 성공 사례만 보지 말고, 실패했던 경험과 그것을 극복한 방법도 주목하라. 실패의 교훈은 때로 성공의 교훈보다 더 값질 수 있다.

- **롤모델은 우리에게 '지도'가 되어준다.** 하지만 기억하라. 결국 그 지도를 보고 걸어가는 것은 우리 자신이다. 오늘부터 당신의 진정한 롤모델을 찾아보는 건 어떤가?

02 월 2억을 벌게 한 하루 30분의 힘

여러분은 하루에 자기계발을 얼마나 하는가? '일하기도 바쁜데 무슨 자기계발…'이라고 생각하고 있지는 않은가?

10년 전, 나는 한 달에 고작 150만 원을 버는 사람이었다. 영업에 뛰어든 초기에는 200만 원을 웃도는 돈을 벌었지만, 하루 30분 독서를 시작하고부터 나는 월 2억을 꾸준히 버는 사람이 되었다. 오늘은 나의 이야기를 시작으로, 자기 계발이 어떻게 우리의 실적과 인생을 바꿀 수 있는지 이야기하겠다.

"독서와 교육에 연간 100만 원 이상 투자하는 영업사원의 평균 실적이 그렇지 않은 사람들보다 37% 높다."는 통계가 있다. 왜 이런 차이가 날까? 바로 전문성을 강화하는 학습에 달려있다. 전문성 강화는 두 가지 방향으로 이루어진다.

첫째, '깊이' 더하기: 자신의 분야에 대한 전문성을 키우는 것이다. 자동차 영업사원이라면 경쟁사 차량의 특징, 최신 기술 트렌드, 차량 금융상품, 세금 및 보험에 대한 지식 등을 꾸준히 쌓아야 한다.

둘째, '넓이' 더하기: 관련 분야의 지식을 확장하는 것이다. 심리학, 경제 동향, 커뮤니케이션 스킬, 재무 관리 능력 등을 키우는 것을 말한다.

큰 성공을 거둔 이들의 사례와 나의 경험을 통해 살펴볼 때 명확하게 우리 인생에 도움이 되는 자기계발 수단은 둘로 압축할 수 있다. 바로 '독서와 네트워킹'이다.

〈1〉 독서: 하루 10페이지의 기적

많은 사람이 "책 읽을 시간이 없다."고 하지만 그저 변명이다. 많이도 필요없다. 하루 10페이지면 충분하다.

- **전략적 독서**: 책을 처음부터 끝까지 다 읽으려 하지 마라. 목차를 보고 필요

한 부분만 읽고, 핵심 문장에 밑줄을 그으면서 반복해서 읽어라.

- **즉시 적용**: 책에서 배운 내용 중 단 한 가지라도 고객과의 미팅에서 적용해 봐라. '경청'에 대한 내용을 읽었다면, 그날은 의식적으로 고객의 말에 더 집중하고 끊지 않으려고 노력하는 것이다.

- **독서 기록장**: 책에서 인상 깊었던 문장, 당장 적용할 수 있는 아이디어 등을 메모해 둬라. 이는 나중에 영업 현장에서 소중한 자산이 된다.

- **재독의 힘**: 같은 책을 다른 시기에 다시 읽어보라. 우리의 경험이 쌓일수록 같은 문장에서도 더 깊은 의미를 발견할 수 있다.

독서는 다른 사람의 인생에서 내가 필요한 것을 배우는 가장 빠른 방법이다. 하루 10페이지면 충분하다. 꾸준함이 핵심이다.

〈2〉 네트워킹: 가치의 교환

네트워킹은 단순히 명함을 주고받는 것이 아니다. 진정한 네트워킹은 '가치의 교환'이다. 내가 공기청정기 영업을 할 때, 어린이집 원장님들을 위한 '클린에어 네트워크' 모임을 만들었다. 단체 채팅방에서 실내 공기질 관리 노하우, 원 운영에 대한 정보 등을 공유했다. 단순히 제품 관리 방법만 알려준 게 아니라, 종합적인 정보를 제공함으로써 원장님들은 나를 단순한 영업사원이 아닌 전문가로 신뢰하게 되었다.

다음은 효과적인 네트워킹을 위해 반드시 기억해야 할 세 가지 원칙들이다.

- 가치를 제공하는 사람이 되어라.
- 정기적으로 유용한 정보를 공유하라.
- 고객들 간의 연결고리를 만들어라.

이런 진정성 있는 네트워킹 덕분에 나는 소개 영업만으로도 월 평균 20건 이상의 신규 계약을 성사시킬 수 있었다. 네트워킹은 인맥을 쌓는 게 아니라, 신뢰를 쌓는 것이다. 그리고 그 신뢰는 진정성 있는 가치 제공에서 시작된다.

기억하라! 하루 10페이지의 독서와 한 번의 진정성 있는 네트워킹이 여러분의 미래를 바꿀 수 있다!

03
성공적인 경력 관리의 기술

영업사원 한 명이 면접을 보던 회사의 대표에게 물었다. "10년 후에는 어떤 자리에 계실 건가요?" 대표는 당황하며 되물었다. "무슨 의미인가요?" 그러자 영업사원이 답했다. "저는 10년 후 대표님의 자리를 노리고 있거든요. 그때 대표님은 어디에 계실지 궁금해서요."

이 영업사원은 최종 합격했고, 실제로 8년 만에 임원이 되었다. 왜일까? 그가 가진 것은 단 하나, '경력 상의 명확한 목표 수립'였다.

그렇다면 당신의 목표는 무엇인가? 단순히 '돈을 더 많이 벌고 싶다'는 것은 진정한 목표가 될 수 없다. 정확한 목표를 잡지 못하고 일만 하는 사람은 어디로 가야 할지 모르는 여행자와 같다. 급한 일들만 해결하고 '난 참 열심히 살았다'고 생각만 하는 사람은 성장할 수 없다.

성공적인 경력 관리는 마치 지도를 그리는 것과 같다. 현재의 위치를 정확히 파악하고, 가고 싶은 목적지를 정하고, 그곳까지 가는 구체적인 경로를 설계해야 한다.

〈1〉 현재 위치 파악: 냉철한 자기 분석

많은 사람이 자신의 현재 상황을 정확히 파악하지 못한다. 마치 내비게이션에서 현재 위치를 찾지 못하면 목적지까지 가는 경로를 알 수 없는 것처럼 말이다.

예시가 하나 있다. 5년 차 영업사원 A씨는 자신이 '업계에서 중간 정도는 된다.'고 늘 생각했다. 하지만 실제로 A씨의 위치를 분석해보니 영업 실적은 상위 30%였고, 고객 관리 능력은 상위 20%였다. 반면 업계 전문성은 중위권, 리더십 경험은 전무했다. A씨는 자신의 강점을 과소평가하고 있었고, 약점은 제대로 인식하지 못했던 것이다.

이처럼 냉철한 자기 분석이 있어야 의미 있는 목표 설정이 가능하다. 막연한 자신감이나 과도한 겸손이 아닌, 정확한 현실 인식이 성공적인 경력 관리의 시작점이다. 스스로에게 질문해 보라. 나의 실적은 동료들과 비교했을 때 어느 정도인지, 내가 가진 차별화된 강점은 무엇인지, 승진이나 이직을 위해 부족한 부분은 무엇인지 말이다.

⟨2⟩ 목적지 설정: 구체적인 목표와 경로 설계

현재 위치를 파악했다면, 이제 목적지를 정하고 구체적인 경로를 설계할 차례다. 목적지 설정에서 가장 중요한 것은 '구체성'이다.

A씨의 경우, 자신의 강점과 약점을 파악한 후 다음과 같은 단기 목표를 세웠다.

'1년 차 목표: 영업 실적 상위 20% 향상, 업계 전문 자격증 1개 취득, 사내 프로젝트 팀 리더 경험하기.'

이처럼 각 단계별로 구체적이고 측정 가능한 목표를 설계하는 것이 중요하다. 특히 단순히 실적만이 아니라, 전문성과 리더십이라는 약점을 보완하는 목표들을 포함시켜야 한다.

⟨3⟩ 이직과 승진을 위한 준비: 세 가지 핵심 요소

이직과 승진을 위한 준비는 단순한 실적 관리를 넘어선 체계적인 계획과 실천이 필요하다. 다음 세 가지 핵심 요소를 기억하라.

- **포트폴리오 관리:** 매월 실적 데이터를 꼼꼼히 정리하고, 성장률, 시장 점유율 등 모든 것을 수치화해야 한다. 특히 특별한 성과가 있었던 프로젝트는 상세히 기록하고 주요 고객사의 추천서도 확보하는 것이 좋다.(팁: 매일 5분, 매주 30분만 투자해서 기록하는 습관을 들여라. "기록하지 않으면 기억도 없다."는 말을 꼭 기억하라.)

- **시장 가치 높이기:** 업계에서 인정받는 자격증을 취득하고, 어학 능력과 디지털 역량을 강화해야 한다.(팁: 하루 30분이라도 꾸준히 투자하라. 출퇴근 시간이나 점심시간을 활용하는 것만으로도 1년이면 큰 변화를 만들 수 있다.)

- **조직 내 입지 구축:** 상사와의 신뢰 관계를 형성하고, 타 부서와의 협력 관계를 강화하며, 회사의 비전에 대한 이해와 기여도를 높여야 한다.

이러한 준비는 3~6개월의 단기, 6~12개월의 중기, 1~2년의 장기 과제로 나누어 체계적으로 접근해야 한다. 정기적인 점검과 피드백을 통해 계획을 조정해 나가는 것이 좋다.

　포트폴리오, 시장 가치, 조직 내 입지 구축은 마치 삼각대의 세 다리와 같다. 하나라도 부족하면 불안정해진다. 체계적인 계획과 꾸준한 실천으로 이 세 가지 요소를 균형 있게 발전시켜 나가야 한다. 체계적인 준비와 꾸준한 실천만이 당신이 원하는 자리로 이끌어 줄 것이다.

04
돈이 되는 인맥 관리 비법

왜 부자들은 인맥 관리에 그토록 공을 들일까? 성공적인 인맥 관리는 곧 부와 직결되기 때문이다.

당신 앞에 두 개의 문이 있다고 상상해 보라. 첫 번째 문에는 "혼자의 힘으로 열심히 노력하면 성공할 수 있습니다."라고 쓰여 있고, 두 번째 문에는 "이미 성공한 사람들과 함께하면 성공할 수 있습니다."라고 쓰여 있다. 당신은 어느 문을 선택하겠는가?

재미있는 점은 부자들은 대부분 두 번째 문을 선택한다는 것이다. 그들은 성공이 혼자 만들어내는 것이 아니라, 함께 만들어가는 것임을 알고 있기 때문이다. "당신이 평소 교류하는 5명의 평균 수입이 바로 당신의 미래 수입이다."라는 유명한 말이 있다. 성공을 간절히 원하는 사람들에게 인맥은 곧 기회다. 여기서 인맥은 단순히 사람을 많이 아는 것이 아니다. 실질적으로 업무에 도움을 주고, 성과를 가져다줄 주요 핵심 인물들과의 관계를 어떻게 유지하고 활용하는지가 관건이다.

〈1〉 부자들의 네트워킹 비법

우선 살펴볼 것은 부자들의 네트워킹 비법이다.

- **선택과 집중**: 부자들은 결코 아무 모임에나 참석하지 않는다. 참석자의 전문성, 모임의 목적성, 그리고 지속가능성, 이 세 가지를 철저히 따져본다.

예를 들어, 수백억대 프로젝트를 성공시키는 부동산 디벨로퍼 A씨는 매달 세 번의 정기 모임에만 참석한다. 첫째는 건설사 임원들과의 모임, 둘째는 금융권 전문가들의 모임, 셋째는 부동산 컨설턴트들의 모임이다. 이 세 가지 모임만으로도 사업에 필요한 핵심 정보와 인맥을 모두 확보할 수 있다고 한다. 이처럼 성공한 사람들은 '선택과 집중'을 통해 자신의 시간과 에너지를 효율적으로 사용한다.

- **적극적이고 개방적인 자세**: 성공한 사람들은 새로운 사람들과 새로운 경험

에 대해 열린 마음을 가지고 임한다. 테슬라의 CEO 일론 머스크는 다양한 분야의 전문가들과 교류하면서 지식을 확장하고 새로운 아이디어를 얻었다. 이러한 자세는 단순히 만남에서 끝나는 것이 아니라, 만남 이후의 행동과 태도로 이어진다. 그들은 대화 속에서 나온 작은 아이디어조차도 놓치지 않고, 이를 발전시켜 실질적인 성과로 연결한다.

- **상호 간의 윈-윈Win-Win 전략**: 네트워킹의 진정한 힘은 서로에게 가치를 주고받는 관계를 만드는 데서 나온다. 단순히 도움을 받으려고만 하는 관계는 오래 지속되지 않는다. 성공한 사람들은 먼저 상대방에게 도움을 주거나 가치를 제공하려는 태도를 보인다. 이는 단순한 선의가 아니라, 관계의 질을 높이는 중요한 원칙이다. 상대가 무엇을 필요로 하는지 이해하고, 상대방이 원하는 정보를 공유하는 것은 관계를 더 깊고 의미 있게 만들어준다.

<2> 상위 1% 인맥을 만드는 모임의 특징

이러한 네트워킹 비법을 효과적으로 활용하기 위해, 상위 1% 인맥을 만드는 모임의 특징을 알아두는 것이 좋다.

- **폐쇄적인 모임 형태**: 이런 자리들은 대부분 '폐쇄적인 모임'의 형태를 띤다.

고액 투자자 모임, VIP 고객 초청 행사, 업계 리더들의 비공개 세미나 같은 곳들이다. 이런 자리에 참석하려면 보통 기존 멤버의 추천이나 특별한 자격이 필요하다. 또한, 시시콜콜한 이야기 대신 업계 동향이나 투자 기회, 새로운 비즈니스 모델에 대한 구체적인 대화들이 오간다.

- **정보의 질**: 이런 자리에서 오가는 정보들은 대부분 실제 시장에서 검증된 것들이다. "A기업이 곧 B기업을 인수할 것 같다."는 뜬구름 잡는 이야기가 아니라, 실제로 딜이 성사되기 직전의, 타당성이 높은 고급 정보들이 오간다.

이러한 특징을 아는 것이 왜 중요할까? 바로 이런 자리에 참석할 기회가 왔을 때, 어떻게 행동하고 어떤 준비를 해야 할지 알 수 있기 때문이다. 단순히 명함만 돌리고 오는 게 아니라, 실질적인 비즈니스 기회를 만들어낼 수 있다. "기회는 준비된 자에게 온다."는 말처럼, 이런 자리에서 성공적인 네트워킹을 하기 위해서는 철저한 준비가 필요하다.

05
신뢰받는 사람이 된다는 것

여기 실력 최고의 외과 의사가 있다. 수술 성공률 99%, 의대 수석 출신이다. 하지만 이 의사는 항상 수술 시간에 늦고, 환자의 말은 대충 들으며, 약속 시간도 제멋대로다. 여러분이라면 이 의사에게 일생일대의 수술을 맡기겠는가?

이처럼 실력과 전문성은 신뢰의 필요조건이지만 충분조건은 아니다. 아무리 뛰어난 실력자라도 기본적인 신뢰를 얻지 못한다면 그 실력을 인정받기 어렵다. 특히 우리 영업 현장에서는 더욱 그렇다. 아무리 실력이 있더라도 신뢰를 잃어버린 영업인은 완전히 끝이다.

신뢰는 하루아침에 쌓이지 않는다. 매일의 작은 행동들이 모여 큰 신뢰를 만든다. 특히 영업인에게 신뢰는 가장 강력한 무기이자 가장 중요한 자산이다. 제품이 아무리 좋아도, 가격이 아무리 경쟁력 있어도, 영업사원을 신뢰하지 못한다면 누가 그 제품을 구매하겠는가? 나 역시 영업 일을 하며 신뢰를 쌓기 위해 평생 노력했고, 그 신뢰를 유지하기 위해 더 큰 노력을 하고 있다. 내가 찾아낸 네 가지 '신뢰 쌓는 비결'들은 다음과 같다.

1. 이름 기억하는 습관

누군가를 만났을 때, 그 사람이 내 이름을 정확히 기억하고 불러준다면 '나를 특별하게 생각해주는구나'라는 느낌이 든다. 한 고객의 자녀 이름과 나이를 메모해두고 다음 만남에서 이를 언급했더니, 고객은 크게 감동했다. 이름을 기억한다는 것은 그 사람을 중요하게 생각한다는 의미이며, 이것이 바로 신뢰의 시작이다. 기억력이 좋지 않아도 괜찮다. 미팅 전에 메모를 훑어보는 습관을 들이면 된다.

2. 고객의 불편함을 먼저 캐치하는 것

진정한 '고객 중심'의 자세는 고객의 작은 표정 변화, 사소한 몸짓, 말투의 뉘앙스까지 읽어내는 것이다. 미팅 도중 고객이 목을 만지는 것을 발견하고 "실내 온도가 조금 건조한 것 같네요. 물 한 잔 더 가져다드릴까요?"라고 말한 영업사원의 사례처럼, 사소한 관찰과 배려가 때로는 수십 번의 미팅보다 더 큰 신뢰를 만들어낸다.

3. 일관성 유지하기

과도한 친절이나 과장된 리액션은 오히려 신뢰를 떨어뜨릴 수 있다. 최고의 영업인들은 늘 차분하고 일관된 태도를 유지한다. 계약이 성사됐을 때나, 계약이 무산됐을 때나 한결같은 모습으로 담담하게 받아들이는 자세가 바로 진정성으로 이어진다. 억지로 밝은 척하지 말고, 진심으로 고객에게 도움이 되고자 하는 마음을 보여주는 것이 중요하다.

4. 말과 행동이 일치하는 사람이 되는 것

신뢰는 일상의 작은 약속들을 지키는 것에서 시작된다. "오후 2시까지 견적서를 보내드리겠습니다."라고 했다면 정확히 2시까지 보내야 한다. "검토해보고 연락드리겠습니다."라고 했다면 정말로 검토하고 연락해야 한다. 말 한마디, 행동 하나하나가 모여 그 사람의 신뢰도를 만든다. 작은 약속이라도 반드시 지키는 습관을 들이면, 어느새 '믿을 만한 사람'이 되어 있을 것이다.

06
조직 내 영업 목표 설정과 관리

내가 10년간 영업 현장에서 늘 가슴에 새기고 다녔던 말이 있다. "고객의 지갑은 마음의 창문을 통해 열린다." 이 말은 현장에서 수천 명의 고객을 만나며 깨달은 진정한 영업의 본질을 담고 있어 꼭 소개해 주고 싶었다.

성공적인 영업 조직은 단순히 높은 매출을 달성하는 조직이 아니다. 많은 영업 조직이 단기적인 실적에만 집중하다가 결국 장기적인 성장 동력을 잃어버리는 경우가 많았다. 영업 조직의 성공은 단순한 매출 달성을 훨씬 뛰어넘는 더 큰 의미를 가진다.

신혼부부 가정에 정수기를 설치했다고 가정해 보자. 이 가정이 첫아이를 가지게 되면 부부는 더 깨끗한 물에 대한 생각이 커지기 마련이다.

이를 감안하여 정기적인 필터 교체 방문 시 어린아이가 있는 가정에서 많이 사용하는 아이 전용 필터를 추천하고, 물 관리 요령을 상세히 설명해 준다면 어떨까? 더 나아가 아이를 키우는 가정에서 지켜야 할 수질 관리 팁을 미리 안내해 준다면, 이 고객은 단순한 계약자가 아닌 평생 고객이 될 가능성이 높아진다.

눈앞에 보이는, 단순한 계약 건수나 매출액만을 보면 영업인으로서 실패할 확률이 높아진다. 또한 그러한 영업인으로 채워진 기업이라면 성장 동력이 떨어진다고 평가할 수 있다. 따라서 영업 조직은 구성원들에게 고객의 삶과 함께 성장하는 파트너십을 구축하고, 이를 통해 자연스러운 매출 성장과 시장 확대를 이루어내는 것이 진정한 성공임을 늘 강조해야 한다. 이러한 장기적 관점의 영업 전략은 처음에는 시간과 노력이 더 많이 들어갈 수 있지만, 결과적으로는 안정적인 수익 기반을 만들고, 시장에서의 신뢰도를 높이며, 지속 가능한 성장을 가능하게 하기 때문이다.

영업 목표 설정 또한 조직에서 세심하게 다루어야 한다. 영업 목표 설정은 단순히 숫자를 정하는 것이 아니다. 조직의 현재 상황과 미래 방향성, 그리고 각 구성원의 역량을 종합적으로 고려해야 하는 매우 중요한 과정이다. 제대로 된 목표 설정 방안은 다음의 몇 가지로 요약이 가능하다.

- **구체적이고 측정 가능하게 설정하라:** 무작정 "매출을 늘리자."가 아니라 "이번 분기에 신규 고객 100명 확보, 기존 고객 재계약률 90% 달성"과 같이 명확한 수치로 제시해야 한다. 그래야만 구성원들 또한 갈팡질팡하지 않고 개인별 목표를 명확히 수립할 수 있다.

- **도전적이면서도 달성 가능하게 설정하라:** 너무 쉬운 목표는 동기 부여가 되지 않고, 너무 높은 목표는 팀원들의 사기를 저하시킬 수 있다. 지난 실적의 110-120% 정도를 설정하는 것이 적절하다.

- **구체적인 실행 계획을 수립하라:** 계획의 구체화는 혼란을 최소화하고, 문제가 발생했을 때 신속하게 차단하는 데 효과적이다. 특히 큰 목표를 작은 단위로 나누어 단계별 실행 계획을 수립하고, 각 단계에서 필요한 구체적인 행동들을 정의해야 한다.

목표의 설정도 필요하지만, 목표를 향해 나아가고자 하는 의지와 열정이 없다면 의미가 없다. 이제 구성원들이 목표에 몰입하게 하는 방법에 대해 알아보자.

- **'왜'에 대한 명확한 설명을 제공하라:** 목표를 달성해야 하는 이유, 이를 통해 얻을 수 있는 가치와 의미를 구성원들과 공유해야 한다. 단순히 "매출을 늘려야 한다"가 아니라, "시장 점유율 확대를 통한 브랜드 가치 상승", "고객 만족도 향상을 통한 지속 가능한 성장" 등 더 큰 그림을 보여줘야 한다.

- **목표 설정 과정에 구성원들을 참여시켜라:** 단순히 목표를 부여하는 것이 아니라, 현장의 의견을 수렴하고 함께 목표를 만들어가는 과정이 필요하다. 이를 통해 구성원들은 목표에 대한 주인의식을 가지게 되고, 달성 의지도 높아진다.

건강한 경쟁 문화를 조성하라: 팀 간, 개인 간 선의의 경쟁을 통해 동기 부여를 높이는 것이 필요하다. 하지만 과도한 경쟁이 생기지 않게 주의하는 것도 영업 조직 관리의 일부다.

이러한 요소들이 잘 갖춰질 때, 조직원들은 목표에 자발적으로 몰입하게 되고 그 조직의 성장은 눈에 띄게 이루어질 것이다.

07
평생에 한 번은 목숨을 걸고 일하라

10년 전, 나는 대학과 꿈이었던 운동을 포기하고 가족의 생계를 위해 일용직 사무실로 출근했다. 밤낮으로 돈 되는 일들을 찾아다니던 중, 우연히 정장을 입고 가방을 든 영업인 친구를 만났다. 그 모습이 참 멋있어 보였고, 막연하게 성공한 영업인을 꿈꿨다.

"나도 영업 한 번 해볼까?"라는 물음에 친구는 "야, 너는 인맥도 없는데 무슨 영업. 6개월이면 그만둘 거다. 하지 마라!"라고 답했다. 그 말에 두려움이 생겼다. 하지만 그때 한 형님이 내게 이렇게 말씀하셨다.

"현관문을 열고 나오면 만나는 모든 사람이 네 고객인데, 뭐가 걱정이나?"

그 한마디에 나는 영업을 직업이 아닌 '천직'으로 삼겠다고 다짐했다. 그때부터 나의 인생은 본격적으로 시작되었다.

미국의 전설적인 사업가 헨리 포드는 "실패는 포기할 새로운 기회를 발견하는 것이다."라고 말했다. 나는 여기에 한마디를 더하고 싶다. "포기할 기회조차 주지 마라. 그리고 뭐든 일단 질러라."

우리가 어떤 직업을 가졌든, 어떤 회사에서 일하든 그건 중요하지 않다. 중요한 건 그 일을 대하는 우리의 자세다. 천직이라는 생각으로 죽기 살기로 매달린다면, 반드시 길은 열린다. 나는 천직으로서의 영업을 선택하고 나만의 야망을 품었다. 이 야망은 내 안의 두려움을 용기로 바꿔주는 신호탄이 되었다. 인맥이 없다는 두려움은 '그래, 그럼 내가 만들면 되지!'라는 도전 정신으로 바뀌었고, 경험이 없다는 불안감은 '더 열심히 배우면 되지!'라는 열정으로 바뀌었다.

"두려움이 없다면 용기 또한 없다."는 말이 있다. 두려움은 부끄러운 것이 아니다. 오히려 그것을 이겨내는 과정에서 우리는 더 강해지는 것이다. 인생의 모든 위대한 도전은 두려움과 함께 시작되지 않았는가?

나는 아무런 인맥 없이 고졸 일용직으로 시작해 지금 이 자리까지 올라왔다. 영업 초기, 늘 지니고 다니던 다이어리에 손 글씨로 적어둔 문구가 있다. "오늘의 두려움은 내일의 자부심이 된다."

두려움이 크다고? 잘됐다. 그만큼 당신의 용기도, 성공도 크다는 뜻이다. 이제 그 두려움을 발판 삼아 더 높이 도약하기 바란다. 우리는 모두 각자의 레이스를 달리고 있다. 남들과 비교할 필요도, 조급해할 필요도 없다. 다만 한 가지, 지금 이 순간 우리가 할 수 있는 최선을 다하고 있는지 생각해보면 된다.

나는 확신한다. 당신이 진정한 열정과 투지로 영업에 임한다면, 언젠가는 반드시 당신만의 성공 스토리를 들려줄 수 있을 것이라는 것을.

PART 6
어떠한 영업인이 될 것인가

01
나만의 영업 철학 찾기

우리가 진정으로 원하는 것은 하나다. 더 나은 삶, 더 나은 미래. 하지만 왜 우리는 이 '한 가지'에 집중하지 못할까? 책 『원씽』의 유명한 구절처럼, 수많은 것을 동시에 하려 하면 아무것도 이룰 수 없다. 최고의 영업인으로 거듭나기 위해 가장 중요한 '한 가지'는 바로 자신만의 영업 철학을 찾는 것이다.

10년간 현장에서 만난 영업 고수들의 공통된 습관이 있었다. 그들은 모두 자신만의 독특한 패턴을 가지고 있었다. 그중 인상 깊었던 두 가지 사례를 소개하겠다.

〈1〉 고수들의 영업 패턴: 데이터와 가치에 집중하다(자동차 영업사원 A씨)

A씨는 매일 밤 그날 있었던 모든 상담 내용을 녹음하고 다시 들었다. 특히 고객이 구매를 결정짓기 직전의 '마지막 순간'에 집중했다. 고객이 망설일 때 어떤 말을 했고, 어떤 반응이 돌아왔는지를 꼼꼼히 분석했다.

- **효과적인 표현 발견**: "이 차의 연비가 좋습니다."라는 말보다 "이 차종을 선택하신 분들의 90%가 연비에 만족하셨습니다."라는 구체적인 표현이 훨씬 더 효과적이라는 것을 발견했다.

- **최적의 타이밍 파악**: 요일별, 시간대별로 클로징 성공률이 높은 최적의 상담 타이밍을 파악했다.

- **고객 반응 사전 제작**: 상담 중 자주 나오는 고객의 반응이나 질문들을 모아 최적의 답변을 준비해 두었다.

A씨의 습관은 단순한 기록이 아닌 '과학적 분석'이었다. 그는 모든 상담을 성공과 실패 케이스로 나누고, 성공적인 상담의 83%는 '고객의 말을 중간에 끊지 않고 경청'했던 경우였고, 실패한 상담의 70%는 '제품 설

명에 너무 많은 시간을 할애'한 경우였다는 것을 밝혀냈다.

〈2〉 삶의 가치를 전달하는 영업(분양 영업사원 B씨)

B씨는 자신을 '문제 해결사'로 포지셔닝했다. 아파트 분양 상담을 할 때마다 고객의 일상적인 불편함부터 먼저 물었다. 그는 이 데이터를 '주거 고민 데이터베이스'로 만들었다.

- 생활 패턴 분석: 단순히 평면도를 보여주는 게 아니라, 고객의 하루 일과를 직접 그려가며 동선까지 분석해 설명했다. 이를 통해 아파트가 단순한 공간이 아닌 '더 나은 삶'을 제공해준다고 느끼게 했다.

- 결과: 그의 상담은 100% 예약제로 운영될 정도로 인기를 끌었고, 이는 곧 '무엇을 파는가'가 아닌 '어떤 가치를 전달하는가'에 초점을 맞추는 것이 얼마나 중요한지 보여준다.

〈3〉 최고의 영업인이 되기 위한 영업 철학 만들기

성공한 영업 고수들의 공통점은 명확한 '목적', '가치', '원칙'을 가지고 있었다는 것이다. 이제 우리만의 강력한 철학을 만드는 방법을 살펴보자.

- **자기 성찰**: '나는 왜 이 일을 선택했는가?', '내가 진정으로 전달하고 싶은 가치는 무엇인가?', '나는 어떤 영업인으로 기억되고 싶은가?'에 대해 진지하게 고민하라.

- **고객 이해**: 내 고객들은 어떤 문제를 가지고 있고, 그들이 진정으로 원하는 것은 무엇인지 생각하며 고객 중심의 철학을 만들어야 한다. 이런 깊은 이해를 바탕으로 할 때, 우리는 단순한 '판매자'가 아닌 진정한 '조언자'가 될 수 있다.

- **실천 방안 수립**: 영업 철학은 하루아침에 만들어지지 않는다. 매일의 경험과 고민이 쌓여 만들어지는 것이다. 작은 메모장에 여러분의 생각을 적어보는 것부터 시작하면 좋다.

여러분들이 힘든 상황에 부딪히고 어려운 선택의 기로에 설 때, 확고한 철학이 있다면 그것이 바로 길을 밝혀주는 등대가 되어줄 것이다.

02
영업의 가장 근본적 목표

우리는 왜 영업을 할까? 영업의 가장 근본적인 목표는 무엇일까?

이 질문에 많은 사람이 "매출을 올리기 위해서"라고 대답할 것이다. 맞다. 하지만 그게 전부일까? 놀라운 통계 하나를 발견했다. 고객 경험을 우선시하는 기업이 그렇지 않은 기업보다 60% 더 높은 이익을 창출한다고 한다. 이게 무슨 의미일까? 역설적이게도, 매출에만 집중하는 것보다 고객의 가치에 집중하는 것이 더 큰 매출을 만든다는 뜻이다.

내 경험 하나를 들려주겠다. 영업을 하던 초기에 겪은 일이다. 한 고객을 만났을 때, 나는 계속해서 제품의 장점만 이야기했다. 당연히 계약은 성사되지 않았다. 그런데 몇 개월 후, 그 고객을 우연히 다시 만났다. 이번에는 달랐다. "고객님께서는 이 제품을 통해 어떤 변화를 원하시나요?"라고 물었다. 대화는 자연스럽게 흘러갔고, 결국 계약까지 성사되었다.

이 경험을 통해 나는 깨달았다. 영업은 단순히 '무언가를 파는 것'이 아니라, '가치를 전달하면 자연스럽게 따라오는 것'이라는 사실을 말이다.

〈1〉 가치 중심 영업의 두 가지 원칙

막연하게 가치에만 집중하면 될까? 아니다. 정답은, 체계적인 가치 중심의 영업을 해야 한다는 것이다.

재미있는 실험 하나를 해 봤다. 똑같은 제품을 가지고 두 가지 다른 방식으로 영업을 했다. 첫 번째 방식은 제품의 모든 기능과 장점을 완벽하게 설명하는 것이었다. 두 번째 방식은 고객의 일상적인 불편함부터 묻는 것이었다. "요즘 어떤 점이 가장 불편하세요?"로 시작해서, 그 불편함을 해결할 수 있는 방법을 함께 찾아가는 식으로 말이다.

결과는 어땠을까? 놀랍게도 두 번째 방식의 성공률이 3배나 높았다. 왜 이런 결과가 나왔을까? 그 이유는 간단하다. 사람들은 '제품'을 사는 게 아니라 '해결책'을 사기 때문이다. 아이폰을 사는 사람들이 정말로 원하는 건 '스마트폰'이 아니라 '더 편리한 삶'이다. 정수기를 사는 사람들이 진짜 원하는 건 '깨끗한 물'이 아니라 '가족의 건강'이다.

가치 중심의 영업에는 두 가지 원칙이 있다.

첫째, 고객의 소리에 귀 기울이는 시간이다.
처음 5분은 무조건 고객의 이야기만 듣는다. 중간에 끊지 않고, 제품 설명도 하지 않고, 그저 경청하는 것이다. 놀랍게도 이 5분 동안 고객은 자신이 원하는 해결책을 스스로 말해주곤 한다. 5분의 경청은 단순한 '침묵'이 아니다. 고객의 진짜 니즈를 발견하고, 최적의 해결책을 찾아가는 소중한 시간이 된다.

둘째, 맞춤형 가치 제안이다.
고객이 말한 불편함이나 목표에 딱 맞는 해결책만 제안한다. 다른 기능이나 장점은 일단 뒤로 미뤄두는 것이다. "고객님께서 말씀하신 그 부분, 이렇게 해결해드릴 수 있습니다."라는 식으로 말이다.

한 자영업자 고객을 만났는데, 그분은 "매출이 늘었으면 좋겠어요."라고 했다. 나는 딱 하나의 포인트에만 집중했다. "이 제품을 사용하시면 하루 30분의 시간을 절약하실 수 있고, 그 시간에 가게 홍보나 고객 응대를 더 하실 수 있습니다." 이렇게 구체적이고 현실적인 해결책을 제시했더니, 고객이 "아, 그렇게 생각해보진 못했네요."라며 관심을 보였다. 결국 계약까지 성사되었다.

이처럼 맞춤형 가치 제안은 '백발백중의 정확도'를 가져야 한다. 고객이 말하는 문제나 목표에 정확히 들어맞는 해결책, 바로 그것만을 짚어내는 것이다. 그래야 고객은 '아, 이분이 정말 내 이야기를 듣고 있구나.'라고 느끼게 된다.

〈2〉 영업을 통한 자아실현

많은 영업인들이 실적에만 매달린다. 하지만 이런 생각은 오히려 우리를 더 조급하게 만들 뿐이다. 실적은 분명 중요한 지표이지만, 우리의 유일한 목표가 되어서는 안 된다. 진정한 영업의 가치는 숫자 그 이상에 있다. 고객의 문제를 해결하고, 그들의 삶을 더 나아지게 만드는 것. 이것이 바로 우리가 집중해야 할 진짜 목표다. 그리고 이런 진정성 있는 접근은 결국 자연스럽게 좋은 실적으로도 이어지게 된다.

우리가 사는 삶도 영업이라고 할 수 있다. 원하는 회사에 이력서를 넣는 것도 영업이다. 나라는 사람의 가치를 회사에 제안하는 것이기 때문이다. 연인에게 고백하는 것도 영업이다. "당신과 함께라면 더 행복한 삶을 만들어갈 수 있습니다."라는 가치를 전달하는 것이다. 팀 프로젝트에서 내 아이디어를 제안하는 것도 영업이다. 내 생각이 가진 가치를 동료들에게 설득하는 과정이기 때문이다. 이처럼 우리의 삶은 끊임없는 가치 제안의 연속이다. 그래서 영업의 기술을 익히는 것은, 결국 더 나은 삶을 살아가는 기술을 익히는 것과 같다.

영업이야말로 가장 강력한 자아실현의 도구가 될 수 있다. 매일 새로운 도전을 하고, 새로운 사람을 만나고, 새로운 문제를 해결하고, 새로운 가치를 전달하면서 우리는 끊임없이 성장할 수밖에 없다. 영업을 통해 우리는 두 가지 방향으로 성장한다.

먼저 전문가로 성장하는 것이다. 매일 새로운 지식을 쌓고, 새로운 고객을 만나면서 자연스럽게 해당 분야의 전문가가 된다. 정수기 영업을 한다면 물과 관련된 전문 지식을 쌓고, 수질에 대한 이해도를 높이며, 건강과 관련된 공부도 하게 된다.

다음으로 문제 해결사로 발전하는 것이다. 매일 새로운 상황과 마주하면서 문제 해결 능력이 발전한다. 이런 과정에서 우리는 성취감을 느끼고 더 큰 도전을 할 수 있는 용기를 얻게 된다.

결국 영업을 통한 자아실현이란, 고객과 함께 성장하는 여정이다. 우리가 고객에게 가치를 전달하면서, 동시에 우리 자신도 성장하는 것. 이것이야말로 진정한 의미의 '자아실현'이다.

03
영업이 제일 쉬웠어요

내가 영업에 막 뛰어들었을 당시에는 정말 많이 고민했다. '저분은 진짜 관심이 있으실까?', '이분은 그냥 시간 때우러 오신 걸까?' 모든 사람이 잠재 고객으로 보였고, 그래서 모든 상담에 온 힘을 쏟았다. 하지만 시간이 지나면서 재미있는 패턴을 발견했다. 고객들의 행동에는 일정한 규칙이 있었다.

영업에서 가장 힘든 건 뭘까? 바로 '시간 관리'다. 모든 고객에게 100%의 열정을 쏟다 보면, 정작 중요한 고객을 놓치게 된다. 현장에서 겪는 사례들은 언제나 다양해서 하나의 기준으로 모든 것을 판단할 수는 없다. 하지만 10년간 현장에서 발견한 특별한 패턴들을 공유하겠다.

〈1〉 간 보는 사람: 정보의 깊이로 신뢰를 얻어라

이들은 보통 "다른 데도 좀 알아보고 있어요.", "아직 초기 단계예요.", "그냥 둘러보러 왔어요."와 같은 말을 한다. 간 보는 사람들의 공통적인 특징은 '행동'하지 않는다는 것이다. 이들은 결정을 뒤로 미루는 경향을 보인다.

하지만 이들을 단순히 '비효율적인 고객'으로 치부해서는 안 된다. 이들 중 일부는 구매 가능성이 높은 잠재 고객으로 전환될 가능성이 있기 때문이다. 구매 전환이 일어날 잠재 고객들의 특징은 구체적인 질문을 한다는 것이다. A/S는 어떻게 되는지, 설치는 얼마나 걸리는지와 같은 실질적인 질문을 한다.

이런 고객을 실제 고객으로 만들려면 '정보의 깊이'가 중요하다. 일반적인 정보가 아닌, 그들의 상황에 딱 맞는 구체적인 정보를 제공해야 한다. "네, 저희 제품 좋습니다."가 아니라 "고객님 상황에서는 이런 기능이 특히 유용하실 것 같네요."라는 식으로 말이다. 또한 결정을 내리는 데 부담을 느끼는 경우가 많으므로, 제한된 옵션을 제안하거나 타이밍의 중요성을 강조하는 것도 도움이 된다. 결국, 간 보는 사람들은 시간과 신뢰가 필요하다. 이들의 심리를 이해하며 적절히 대응하되, 너무 많은 시간을 할애하지 않는 편이 좋다.

⟨2⟩ 안 살 사람: 시간 낭비를 최소화하라

이들은 처음부터 구매 의사가 없거나, 구매를 고려하더라도 우선순위가 매우 낮은 경우다. 이들의 특징은, 제품이나 서비스에 대해 구체적인 관심을 보이지 않는다는 것이다. 예를 들어, 제품의 가격이나 외형 정도만 묻고 구체적인 질문은 하지 않는다.

제품이나 서비스에 대해 겉핥기식으로 묻고 대화를 이어가지만, 결정적인 질문은 회피한다면 주의해야 한다. 이 경우, 구매 가능성을 빠르게 판단하기 위해 대화 초반에 구체적인 질문을 던져보면 된다. "어떤 점이 가장 필요하실까요?" 또는 "이 제품을 이용하실 거라면 어떤 용도로 사용하실 계획인가요?" 이 질문에 답변이 모호하거나 명확하지 않다면, 실제 고객이 아닐 가능성이 높다.

안 살 사람들을 과도하게 설득하려고 하면 시간 낭비가 될 수 있다. 이 경우, 자연스럽게 대화를 마무리하며 필요시 연락할 수 있는 방법 정도만 안내하는 게 좋다. "관심이 생기시면 언제든 연락 주세요. 상담에 시간 내주셔서 감사합니다." 정도만 전달해도 충분하다. 또한 당장 구매하지 않더라도, 관심을 유지할 수 있는 자료(웹사이트, 이메일 등)를 제공하면 구매 의사가 생겼을 때 우리를 기억할 가능성이 높아진다. 예의는 지키되, 너무 오래 끌지 않도록 유연한 대화의 흐름을 이어가는 것이 중요하다.

〈3〉 살 사람: 마지막 한마디로 확신을 줘라

이들은 구매 의사가 명확하고, 실제로 구매를 고려하거나 결정을 앞둔 상태에 있는 고객들이다. 특징으로는 구매에 대해 망설임이 적으며, 빠르게 정보를 얻고 결정을 내리려는 모습을 보인다. 이미 여러 대안을 검토했거나 스스로 어느 정도 답을 내린 상태이기 때문에 남은 것은 구매 결정을 내리기 위한 최종적인 확신이다.

이들과의 상담에서는 구체적이고 명확한 정보 제공이 중요하다. 고객이 원하는 가치를 빠르게 파악하고, 직접적으로 충족시켜 구매를 유도해야 한다. 우리가 제공하는 서비스나 제품이 어떤 이점이 있는지, 고객에게는 어떤 부분을 채워줄 수 있는지 정확하게 제안하는 것이 좋다.

살 사람에게는 마지막 한마디가 결정을 좌우할 수 있다. 명확하고 자신감 있게 진행하라. 살 사람은 영업 과정에서 가장 중요한 고객이다. 이들과의 상담은 단순히 제품이나 서비스를 판매하는 것을 넘어, 최종적으로 '최고의 선택'을 했다는 확신을 심어주는 과정이어야 한다. '살 사람'과의 대화는 영업의 가장 짜릿한 순간이며, 이 순간을 완벽히 활용하는 것이 성공적인 영업의 열쇠다.

물론 방대한 영업이라는 분야에서 모든 케이스들을 완벽히 파악할 수는 없다. 하지만 이런 패턴을 미리 알고 있다면 영업 상황에서 훨씬 더 효율적이고 전략적으로 대처할 수 있다. 패턴을 이해한다는 것은 단순히 고객을 분류하는 것을 넘어, 각 고객에게 최적화된 대응 전략을 적용할 수 있다는 의미다.

04
영업 고수가 되는 마지막 관문: 실패를 즐기고 경쟁을 초월하라

실패란 무엇일까? 많은 사람이 실패를 두려워하고 회피하려 한다. 하지만 진정한 영업 고수들은 실패를 다르게 본다. 실패는 단순한 좌절이 아니라 성장의 기회이며, 배움의 통로이기 때문이다.

도전한다는 것은 두려움을 넘었다는 것이고, 두려움을 넘었다고 하더라도 갑자기 고꾸라지기도 하는 것이 삶이다. 우리가 만나는 고객은 매 순간 다르기 때문에, 될 것 같던 계약도 잘 안 되어 허무할 때가 있을 것이고, 안 될 것 같던 계약도 이상하게 잘될 때가 있는 것이다. 늘 그래왔듯, 고난은 언제 닥칠지 모른다.

사실 영업력이 길러지기 전에는, 많이 실패해보는 것도 우리에게 아주 큰 도움이 된다. 작은 실수와 실패 하나에 전체를 망칠 수는 없지 않은가? 그래서 우리에게는 "여유"가 필요한 것이다. 실패했다고 해서 쓸데없는 생각에 빠지는 것은 우리를 더욱 옥죌 뿐이고, 그 결과는 곧 '시간 낭비'로 이어지기 때문이다. 영업의 세계에서 실패를 대하는 태도야말로 진정한 고수와 초보를 가르는 핵심이다.

〈1〉 실패를 즐기는 여유: 관점을 바꾸는 세 가지 방법

실패를 즐기는 여유란 단순히 긍정적으로 생각하라는 의미가 아니다. 이는 실패를 깊이 있게 분석하고, 그로부터 의미 있는 교훈을 끌어내는 지적이고 감정적인 성숙함을 의미한다. 우리는 실패를 바라보는 관점을 근본적으로 바꿔야 한다. 실패는 끝이 아니라 새로운 시작이다. 토마스 에디슨이 전구를 발명하기까지 수천 번의 실패를 경험했지만, 그는 각각의 실패를 "내가 성공하지 못하는 방법을 하나 더 알아냈다."라고 표현했다.

그렇다면 실패를 바라보는 관점을 어떻게 유연하게 만들 수 있을까. 세 가지 방법이 있다.

- **분석적으로 바라보라**: 단순히 감정적으로 좌절하지 말고, 왜 실패했는지

냉정하게 분석해야 한다. 어떤 부분에서 고객의 요구 사항을 놓쳤는지, 우리의 접근 방식에 어떤 문제가 있었는지 객관적으로 평가해야 한다.

- **즉각적으로 학습하라:** 실패한 경험을 단순히 후회하는 것이 아니라, 그 경험을 통해 구체적으로 무엇을 배웠는지 정리하고 다음 영업 전략에 즉시 반영해야 한다.

- **정서적 회복력을 키워라:** 한 번의 실패에 좌절하지 않고, 곧바로 다시 일어설 수 있는 멘탈 근육을 키워야 한다. 이는 단순한 긍정적 사고가 아니라, 실패를 성장의 기회로 받아들이는 깊은 철학이다.

실제 성공한 영업인들의 이야기를 보면, 그들의 성공 뒤에는 수많은 실패가 숨어 있다. 실패를 두려워하지 않고 오히려 그것을 성장의 기회로 받아들이는 태도가 그들을 진정한 고수로 만들었다. 우리의 궁극적인 목표는 실패를 완전히 없애는 것이 아니다. 실패로부터 빠르게 배우고, 그것을 다음 성공의 발판으로 삼는 것이다.

〈2〉 경쟁을 초월하는 시야: 가치를 재정의하라

치열한 영업 현장 속에서 경쟁을 초월하는 시야란 어떤 것일까? 우리는 "경쟁이 치열하다.", "시장이 포화상태다.", "고객이 까다로워졌다."라는 말들을 자주 듣는다. 하지만 이런 상황 속에서도 꾸준히 성과를 내는 영업인들이 있다. 그들은 무엇이 다를까? 그들은 "우리는 어떻게 이 상황을 돌파할 것인가"를 고민한다. 다음과 같은 방식으로.

- **가치를 재정의하라:** 우리가 파는 것이 단순히 제품이나 서비스가 아니다. 고객의 성공, 고객의 미래, 고객의 혁신을 파는 것이다.

- **시간의 지평선을 넓혀라:** 대부분의 영업은 '이번 달', '이번 분기'에 집중한다. 하지만 진정한 승자는 3년 후, 5년 후를 내다본다. 고객의 미래 과제를 함께 고민하고, 장기적인 성장 로드맵을 그린다.

- **생태계적 사고를 가져라:** 영업은 더 이상 1:1 거래가 아니다. 고객, 협력사, 경쟁사가 만드는 복잡한 생태계를 이해해야 한다. 때로는 경쟁사와도 협력해야 한다.

경쟁을 초월한다는 것은, 경쟁을 무시한다는 말이 아니다. 오히려 경쟁의 차원을 높이는 것이다. 제품 경쟁에서 가치 경쟁으로, 단기 실적 경쟁에서 장기 관계 경쟁으로, 거래 중심에서 파트너십 중심으로 나아가야 한다. 여러분이 시야를 높이는 순간, 새로운 기회의 바다가 보일 것이다. 그리고 그곳에는 진정한 승자가 될 수 있는 무한한 가능성이 있다. "고객의 미래를 함께 그리는 파트너" 이것이 바로 우리가 지향해야 할 새로운 영업의 모습이다.

05
평생 현역으로 살아가는 영업의 매력

"영업에는 끝이 없다."

이 단순한 문장 속에는 깊은 통찰과 무한한 가능성, 평생 현역으로 살아가는 영업인의 특별한 매력이 담겨있다.

영업의 가치는 여기서 멈추지 않는다. 영업은 심리, 협상, 설득, 관계, 마케팅 등 우리 인생 전반에 걸쳐 적용되는 기술이자 지혜다. 세계에서 가장 영향력 있는 비즈니스 사상가인 다니엘 핑크는 "모든 인간관계는 본질적으로 영업이다. 우리는 매일 우리의 생각, 아이디어, 열정을 '판매'하고 있다."라고 말했다.

그렇다. 영업은 우리 삶의 모든 순간에 존재한다. 아이디어를 제안할 때, 연인에게 데이트를 신청할 때, 팀 회의에서 의견을 낼 때도 모두 영업의 순간이다.

<1> 영업의 본질: 심리, 협상, 설득의 기술

10년 넘게 영업을 하면서 깨달은 가장 큰 진리는, 모든 거래의 핵심에는 '사람'이 있다는 것이다.

- **인간 심리에 대한 통찰**: 고객의 요구를 파악한다는 것은 단순히 '무엇을 원하는가'를 아는 것이 아니다. 그것은 '왜 원하는가'를 이해하는 것이다. 이는 마치 빙산과 같다. 수면 위로 드러난 20%의 명시적 요구사항 아래에는, 80%의 감춰진 심리적 요구사항이 존재한다.

예를 들어, 한 고객이 비싼 명품 시계를 구매하려 할 때, 표면적으로는 '시간을 보기 위해서'라고 말하겠지만, 사실 그 내면에는 '인정받고 싶은 욕구', '성공을 과시하고 싶은 욕구' 등이 자리 잡고 있다.

- **협상 능력**: 영업에서 배우는 협상은 단순한 가격 흥정이 아니라 '가치'를 창출하는 과정이다. 성공한 영업인들은 "진정한 협상은 Win-Win이다."라고

말한다. 최고의 협상은 모든 당사자가 만족하는 것이다. 이 지혜는 삶의 모든 영역에 적용된다.

- **진정한 설득의 기술:** 단순한 말솜씨나 화려한 언변이 아닌, '공감'과 '신뢰'를 바탕으로 한 커뮤니케이션이 영업의 핵심이다. 최고의 영업인들은 모두 고객의 이야기를 경청하고, 진심으로 공감하며, 통찰력 있는 질문을 던져 고객 스스로 해답을 찾아가도록 돕는다. 그리고 감동적인 스토리텔링으로 고객의 마음을 움직인다.

이러한 기술들은 영업의 영역을 넘어 삶의 모든 순간에서 빛을 발한다.

〈2〉 시야의 확장과 통찰의 깊이

영업의 네 번째 중요한 본질은 '시야의 확장'이다. 영업은 단순히 물건을 파는 것이 아니다. 그것은 시장을 보는 눈을 키우고, 산업의 흐름을 읽는 통찰력을 기르는 과정이다.

초보 영업사원은 제품만 본다.

중급자는 시장을 보기 시작한다.

전문가는 산업 생태계 전체를 본다.

마스터는 시대의 흐름을 읽는다.

이런 시야의 확장은 자연스럽게 비즈니스 감각으로 이어진다. 왜 어떤 제품은 성공하고 어떤 제품은 실패하는지, 어떤 전략이 효과적이고 어떤 전략이 비효율적인지를 직관적으로 파악할 수 있게 된다. 시야의 확장은 두 가지 단계를 거쳐 이루어진다.

첫째, 제품 중심의 시야: 영업 초기에는 누구나 제품에만 집중한다. 워런 버핏이 말했듯이 "가격은 당신이 지불하는 것이고, 가치는 당신이 얻는 것이다." 이 시기에는 가격보다는 가치에 집중하는 훈련이 필요하다.

둘째, 시장을 보는 시야: 경험이 쌓이면서 경쟁사 동향, 고객 구매 패턴 등을 이해하게 된다. 스티브 잡스가 말했듯이 "고객은 자신이 원하는 것을 모른다. 우리가 그들에게 보여줄 때까지는." 이 단계에서는 단순한 제품 판매자에서 시장 전문가로 성장한다.

이러한 시야의 확장은 자연스럽게 통찰의 깊이로 이어진다. 초기에는 표면적인 통찰에 머물지만, 경험이 쌓이면서 그 아래 숨겨진 본질을 보게 된다. "이 제품이 잘 팔리는 이유는 가격이 저렴해서다."라는 단순한 해석에서 "이 제품이 잘 팔리는 이유는 소비자의 불안감을 해소해주기 때문이다."와 같은 더 근본적인 이유를 발견하게 되는 것이다.

성숙한 영업인은 당장의 실적보다 장기적인 가치를 본다. 짐 론은 "당신의 수입은 당신이 가져다주는 가치에 비례한다."라고 했다. 시야가 넓어질수록 더 큰 가치를 창출할 수 있고, 통찰이 깊어질수록 더 본질적인 해결책을 제시할 수 있다.

이것이 바로 영업이 평생의 직업이 될 수 있는 이유다. 끝없는 성장의 가능성, 끝없는 배움의 기회, 그리고 끝없는 가치 창출의 여정.

〈3〉 영업인의 길: 가치 창조자의 삶

지그 지글러의 말처럼 "성공으로 가는 엘리베이터는 고장 나 있다. 당신은 계단을 이용해야만 한다." 영업의 매력은 바로 여기에 있다. 끝없는 성장의 가능성, 끝없는 배움의 기회, 그리고 끝없는 가치 창출의 여정. 이것이 바로 영업인의 길이다.

영업의 길은 때로는 고단하고, 외롭고, 힘들 수 있다. 하지만 그만큼 보람 있고 가치 있는 길이기도 하다. 고객의 인생에 긍정적인 변화를 만들어낼 때, 그들의 문제를 해결해 줄 때, 그들의 꿈을 실현시켜 줄 때… 그 순간의 기쁨은 그 어떤 것과도 바꿀 수 없을 것이다.

앞으로도 당신은 수많은 도전과 기회를 만나게 될 것이다. 그때마다 이 이야기들을 떠올리기 바란다. 당신은 단순한 판매자가 아니다. 당신은 가치의 창조자이고, 문제 해결사이며, 고객의 진정한 파트너다.

힘든 순간이 올 때마다 기억하라. 당신은 영업인이다. 당신은 가치 창조자다. 그리고 당신에게는 끝없는 가능성이 있다. 당신의 앞날에 늘 축복이 가득하길 바란다.

막노동꾼에서 연봉 20억 세일즈 리더로
돈과 성공을 부른 실전 노트

판을 뒤집는 세일즈

1판 1쇄 펴낸날 2025년 9월 5일

지은이 양유준

펴낸이 나성원

펴낸곳 나비의활주로

책임편집 김정웅

디자인 BIG WAVE

전자우편 butterflyrun@naver.com

출판등록 제2010-000138호

상표등록 제40-1362154호

ISBN 979-11-93110-76-8 03320

※ 이 책은 저작권법에 따라 보호받는 저작물이므로 무단 전제와 무단 복제를 금지하며,
  이 책의 내용을 전부 또는 일부를 이용하려면 반드시 저작권자와 도서출판 나비의활주로의
  서면 동의를 받아야 합니다.
※ 책값은 뒤표지에 있습니다.
※ 잘못된 책은 구입하신 곳에서 바꾸어드립니다.